FRECUENCIAS

Español comunicativo para el siglo XXI

Libro del estudiante

Equipo **Frecuencias**

Nivel

A1

Edinumen

Hugo Roberto Wingeyer, doctor en Lingüística Aplicada, es vicedecano de la Facultad de Humanidades de la Universidad del Nordeste (Chaco, Argentina)
La profesora y escritora Eloísa Covarrubias imparte talleres de narrativa y poesía en el Instituto Sonorense de Cultura (Hermosillo, México)

ISBN - Libro del estudiante: 978-84-91790-49-5
Depósito legal: M-3797-2020

Impreso en España
Printed in Spain
0325

Coordinación pedagógica:
M.ª José Gelabert

Coordinación editorial:
Mar Menéndez

Maquetación:
Juanjo López, Sara Serrano y Elena Lázaro

Diseño de portada y maqueta:
Juanjo López

Ilustraciones:
Carlos Casado

Estudio de grabación:
Producciones Activawords

Impresión:
Gráficas Glodami. Madrid

Vídeos:
Serie *Hostal Babel*, creada y producida por Edinumen

Créditos fotográficos en pág. 205

Editorial Edinumen
José Celestino Mutis, 4. 28028 Madrid. España
Teléfono: (34) 91 308 51 42
Correo electrónico: edinumen@edinumen.es
www.edinumen.es

¡En Edinumen nos apasiona el español!

Desde nuestros inicios hace ya más de 30 años, nuestro objetivo ha sido siempre mejorar la experiencia del aprendizaje de español en todo el mundo. Nos enorgullece decir que el cien por cien de nuestros recursos están dedicados exclusivamente a la enseñanza y aprendizaje de español como lengua extranjera y segunda lengua.

Durante todos estos años, hemos tenido el enorme privilegio de trabajar al lado de entusiastas profesionales del español que viven y desarrollan su labor en multitud de países y, por lo tanto, representan realidades diferentes. Así, hemos constatado los cambios que se han ido produciendo y hemos afrontado juntos nuevos retos para lograr el objetivo que compartimos: que los estudiantes que deciden aprender español sean capaces de disfrutar también de un apasionante universo sociocultural y lingüístico tan completo como enriquecedor.

Este reto es hoy especialmente emocionante. Gracias al desarrollo de las nuevas tecnologías, la interacción entre culturas y personas interconectadas desde todos los lugares del mundo es permanente y se produce a un ritmo inimaginable hasta ahora. Los hablantes de español del siglo XXI son interlocutores en un universo compuesto por realidades lingüísticas y culturales muy diversas que se nutren entre sí.

En los últimos años ha habido un intento justificado de integrar en los materiales didácticos muestras de lengua que se asemejen lo más posible a los modelos reales. En este sentido, **Frecuencias** incorpora, por primera vez en un manual de ELE, una extensa muestra de ejemplos extraídos de las bases de datos o corpus[1] que, siempre al hilo de los contenidos tratados, ilustran variantes de carácter léxico, gramatical o comunicativo con el fin de acercar al estudiante a las diferentes realidades sociolingüísticas hispánicas.

Además, **Frecuencias** se ha desarrollado metodológicamente en dos ejes: el aprendizaje por contenidos y la resolución de tareas que permiten al estudiante poner en práctica los conocimientos adquiridos anteriormente, lo que favorece un aprendizaje activo y eficaz.

Por último, queremos destacar la colaboración entre **Edinumen**, especialistas en ELE, y la **Real Academia Española (RAE)** en la génesis del proyecto, así como el asesoramiento de la RAE en el uso de los corpus y su revisión final del presente trabajo. Sin su ayuda y apoyo este manual no podría haber visto la luz.

Estamos muy ilusionados de presentar este nuevo manual de ELE, que da respuesta a las necesidades de estudiantes y docentes para un aprendizaje real en el siglo XXI.

[1] Colección de textos de todos los países hispanohablantes en formato electrónico, con varios millones de palabras, que la Real Academia Española (RAE) ha codificado y clasificado y que permiten la búsqueda a través de formas, lemas, categorías gramaticales, zonas geográficas, etc.

Edi numen
Especialistas en ELE

FRECUENCIAS

Frecuencias es el nuevo curso de español que da respuesta a las necesidades de estudiantes y docentes para un aprendizaje real en el siglo XXI.

Frecuencias sigue las recomendaciones del *Marco común europeo de referencia para las lenguas (MCER)* y su sílabo se ha elaborado a partir del *Plan curricular del Instituto Cervantes.*

El curso favorece un aprendizaje **activo**, de manera que el conocimiento de la lengua es **real**, **significativo y adaptado** a las **necesidades** del estudiante.

Una propuesta metodológica eficaz

Frecuencias combina el **aprendizaje por contenidos** con la **resolución**, en una fase posterior, de **tareas** en las que el estudiante tiene que poner en funcionamiento los conocimientos adquiridos previamente. Esta combinación facilita el aprendizaje, ya que los contenidos se van presentando **de manera progresiva** a lo largo de los apartados, de modo que el estudiante, al enfrentarse a las tareas, ha adquirido ya todas las herramientas que necesita para resolverlas con éxito.

Las actividades que se presentan son **significativas social y emocionalmente**, conectan con el estudiante y lo involucran en su aprendizaje. Estas actividades aumentan la **motivación** y favorecen la asimilación de lo aprendido.

La incorporación de los corpus de la RAE: CORPES XXI y CREA

Frecuencias incluye una extensa muestra de **ejemplos reales** extraídos de los corpus de la RAE para mostrar usos auténticos de lengua, con **variantes** que ejemplifican la riqueza lingüística del mundo hispánico, algunas **frecuencias** de uso y **combinatoria** de palabras, así como fenómenos de carácter **gramatical o comunicativo**.

Las muestras se destacan claramente en el manual a través de cuadros estratégicamente colocados junto a los contenidos a los que hacen referencia.

RAE

GRAMÁTICA

En las zonas voseantes de América, el imperativo tiene una forma propia para la persona vos *(hablá, bebé, abrí, empezá, volvé, elegí, tené, hacé, poné, vení, salí, decí...)*: *Empezá vos, por favor./**Comé, comé**, está muy bueno.*

Una visión global del mundo hispánico

La presencia de aspectos **culturales e interculturales** a lo largo de las actividades, así como en el apartado "Cultura", y la integración destacada de las **variantes hispánicas** facilitan la creación de una conciencia global del mundo hispánico y la adquisición de habilidades de comunicación por parte del estudiante. Todo esto le permite desenvolverse con éxito en una realidad lingüística y cultural tan compleja como la de la comunidad hispanohablante.

Un atractivo y motivador material audiovisual

Frecuencias presenta la serie ***Hostal Babel***, comedia de situación específicamente creada para el manual, en la que, a través de una anécdota y su resolución, se repasan los contenidos de cada unidad. La serie está protagonizada por cinco personajes de distintos países de habla hispana.

Un diseño a doble página que facilita el aprendizaje

Frecuencias aporta un **atractivo y moderno diseño a doble página** que permite presentar los contenidos de manera **motivadora**, **clara y ordenada**, lo que facilita el aprendizaje.

En colaboración con la Real Academia Española (RAE)

La **Real Academia Española (RAE)** es miembro de la Asociación de Academias de la Lengua Española (ASALE), que se formó en México en 1951 y que está integrada actualmente por las veintitrés academias de la lengua española existentes en el mundo (veinte en América, además de España, Filipinas y Guinea Ecuatorial).
Su objetivo es llevar a cabo una política lingüística panhispánica trabajando unidas para conseguir la integridad y el crecimiento de la lengua española.

Entre sus logros cabe destacar la publicación, en coautoría, del *Diccionario de la lengua española* a partir de su XXII edición, la *Ortografía* en sus ediciones de 1999 y 2010, y el *Diccionario panhispánico de dudas* (2005), así como la elaboración de distintas bases de datos o corpus.

Frecuencias es un proyecto desarrollado por **Edinumen** con la colaboración de la **Real Academia Española**. Esta colaboración se ha centrado en dos aspectos:

- por un lado, Edinumen ha tomado en consideración los corpus lingüísticos y bases de datos que la RAE ofrece, así como su conocimiento del uso del español, para el desarrollo del curso;
- por otro lado, el manual ha sido revisado por la Real Academia Española como lingüística, léxica y gramaticalmente correcto.

Los corpus: CORPES XXI y CREA

El **Corpus del Español del Siglo XXI (CORPES XXI)** es un proyecto impulsado por la Asociación de Academias de la Lengua Española (ASALE). Está formado por diferentes tipos de textos de todos los países del mundo hispánico. Reúne un conjunto de alrededor de 400 millones de formas y palabras, con una distribución de un 70 % de América y un 30 % de España, que aparecen en textos producidos a partir de 2001.

El **Corpus de Referencia del Español Actual (CREA)** está diseñado para proporcionar información exhaustiva acerca de la lengua en un momento determinado de su historia y es lo suficientemente extenso para representar todas sus variedades relevantes. Se compone de una amplia variedad de textos escritos y orales, producidos en todos los países de habla hispana entre 1975 y 2004 y en los que es posible la búsqueda por formas, lemas y categorías gramaticales.

Frecuencias, curso de español revisado por la RAE y que incluye muestras auténticas de los corpus lingüísticos.

Estructura del libro

Cada nivel de Frecuencias está compuesto por **diez unidades didácticas** estructuradas en ocho apartados con unos objetivos específicos:

- **presentación** de los contenidos de la unidad;
- activación de los **conocimientos previos** de los estudiantes sobre el tema;
- presentación y actividades para la adquisición de **vocabulario**;
- presentación y práctica de los **contenidos gramaticales**;
- **secuencia comunicativa** para poner en práctica los conocimientos adquiridos, a través de tareas significativas y el **desarrollo de las cuatro destrezas**;
- presentación de **contenidos culturales** relacionados con el universo hispánico;
- actividades de **vídeo** sobre la serie *Hostal Babel*, que presenta en un contexto real y cotidiano los contenidos tratados en cada unidad;
- **evaluación** de lo aprendido y reflexión sobre el aprendizaje.

Los diferentes apartados han sido pensados para que se realicen en **una o dos sesiones** de clase cada uno de ellos, dependiendo de las necesidades y la progresión específica de cada grupo de estudiantes.

Las tareas están diseñadas para trabajar en **diferentes dinámicas: de modo individual**, **en parejas**, **en grupos pequeños y todo el grupo**, fomentando de esta manera el trabajo colaborativo y el intercambio de conocimientos entre los diferentes miembros de la clase. Estas dinámicas aparecen indicadas con las siguientes etiquetas:

En parejas **En grupos pequeños** **Todo el grupo**

Cada nivel de Frecuencias viene acompañado de un apéndice de **Pronunciación y ortografía** con diez fichas prácticas que trabajan el componente fonético y ortográfico y que pueden presentarse en clase según las necesidades específicas de cada grupo.

La ELEteca (extensión digital)

La **ELEteca** es una completa **plataforma *e-learning*** con funcionalidades y contenidos digitales que facilitan la enseñanza/aprendizaje de la lengua.

La ELEteca de Frecuencias ofrece **actividades interactivas** para la práctica en línea de los principales contenidos de cada apartado de las unidades, todo el **material audiovisual** del curso y una gran variedad de recursos tanto para el estudiante como para el docente.

Para entrar en la ELEteca, regístrate con el código que aparece en el interior de la cubierta en:

https://eleteca.edinumen.es/

HOSTAL *Babel*

Frecuencias presenta esta serie de ficción, en la que, a través del humor, se recogen los contenidos principales de cada unidad.

La acción transcurre principalmente en el **hostal Babel**, un lugar de encuentro en el que conviven cuatro estudiantes y Bea, la dueña del hostal.

El hostal Babel es un lugar divertido, familiar y con cierto toque bohemio. Un lugar ideal para vivir innumerables experiencias que acompañarán a los estudiantes a lo largo de todo el manual.

BEA

33 años, española

La dueña del hostal. Una mujer simpática, trabajadora, divertida y dinámica. Siempre de buen humor, lo mismo hace de amiga que de psicóloga o de árbitra en los conflictos que surgen en el hostal.

CARLA

24 años, argentina

Estudiante universitaria de Filosofía. Carla es una chica estudiosa, intelectual y formal. También es muy habladora y un poco "sabelotodo".

TERE

19 años, española

Estudiante de Empresariales, aunque poco amiga de las clases y muy amiga de las fiestas y la diversión. Extrovertida, simpática, dormilona y poco aplicada en sus deberes.

LEO

19 años, español

Estudia Química. Es un chico inteligente, aunque tímido, introvertido y con pocas habilidades sociales. Amante del cine fantástico, los cómics, la parapsicología y los videojuegos.

HUGO

20 años, mexicano

Estudia Veterinaria, es vegano, animalista y amante del yoga y de la vida sana. Aunque tiene algunos conflictos en el hostal, acaba entablando una gran amistad con sus compañeros.

No te pierdas ***Hostal Babel***, un lugar de encuentro para la amistad, la tolerancia y la mezcla de culturas.

Estructura de las unidades y elementos gráficos guía visual

Portada. En ella se encuentran resumidos los objetivos principales de cada unidad, así como imágenes y preguntas que introducen el tema y activan la motivación.

Preguntas de motivación.

Objetivos de aprendizaje.

Dinámica recomendada para las diferentes actividades.

¿Qué sabes? Apartado con actividades para sondear los conocimientos previos de los estudiantes sobre el tema a tratar, a la vez que se anticipa el vocabulario, algunas estructuras gramaticales y elementos culturales de los apartados sucesivos.

Uso de elementos visuales para la realización de muchas de las actividades.

Palabras. Secuencia de actividades de léxico que facilitan el aprendizaje del vocabulario contextualizado según el tema de la unidad. Las actividades están destinadas a que los estudiantes descubran palabras o expresiones y aprendan a combinarlas y a usarlas en contexto. Este aprendizaje se lleva a cabo a través de textos orales o escritos, imágenes, definiciones, cuadros semánticos... que permiten deducir e interpretar su significado.

Cuadro de atención que sirve para resaltar o recordar los contenidos importantes.

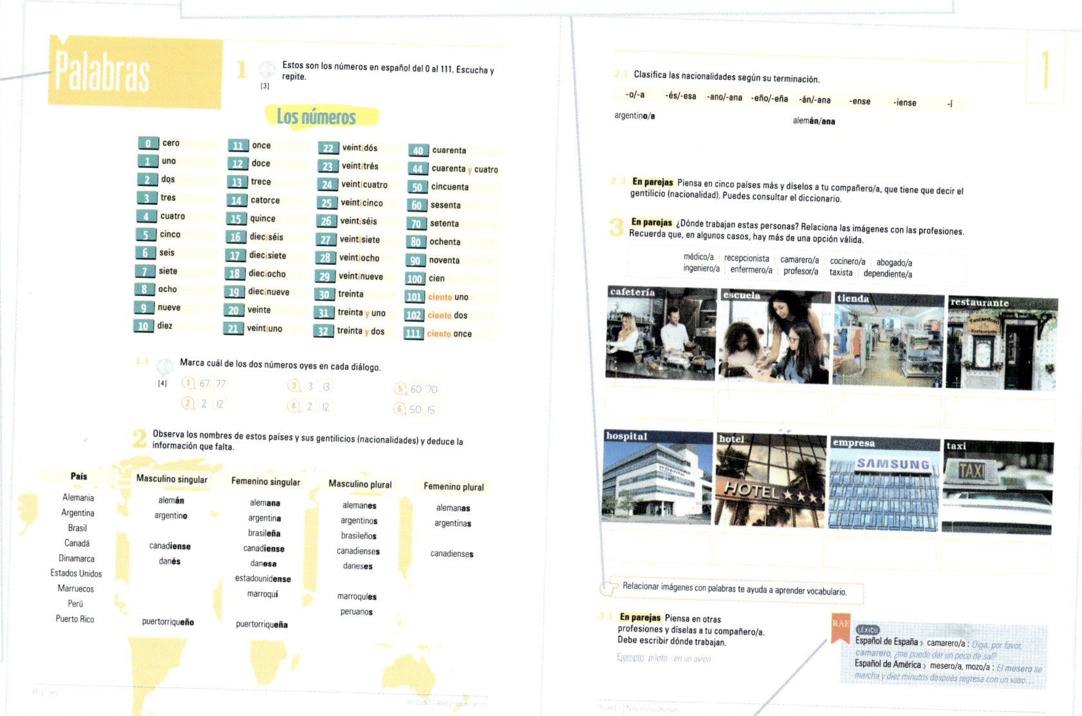

En este apartado, los cuadros de la RAE constatan diferencias léxicas entre el español de España y el de América con ejemplos extraídos de los corpus.

Gramática. La gramática se presenta sistematizada a través de cuadros diseñados para facilitar su aprendizaje y de actividades de reconocimiento y práctica guiada de los contenidos tratados.

En este apartado, los cuadros de la RAE presentan información referida a cuestiones gramaticales (contraste entre el español de España y el de América, frecuencias de uso, regímenes verbales, etc.) con ejemplos extraídos de los corpus.

Practica en contexto. El estudiante aprende a interactuar a través de las diferentes tareas presentadas en una secuencia didáctica coherente y significativa. Mediante estas tareas el estudiante pone en práctica los conocimientos adquiridos hasta el momento con actividades de comprensión y producción orales y escritas, interactuando según las diferentes dinámicas propuestas.

Los cuadros funcionales se presentan en el momento adecuado de la secuencia como una herramienta que el estudiante utiliza para resolver con éxito la tarea propuesta.

Cultura. Los contenidos culturales se presentan en una secuencia muy visual y dinámica en la que se tratan temas socioculturales de España e Hispanoamérica.

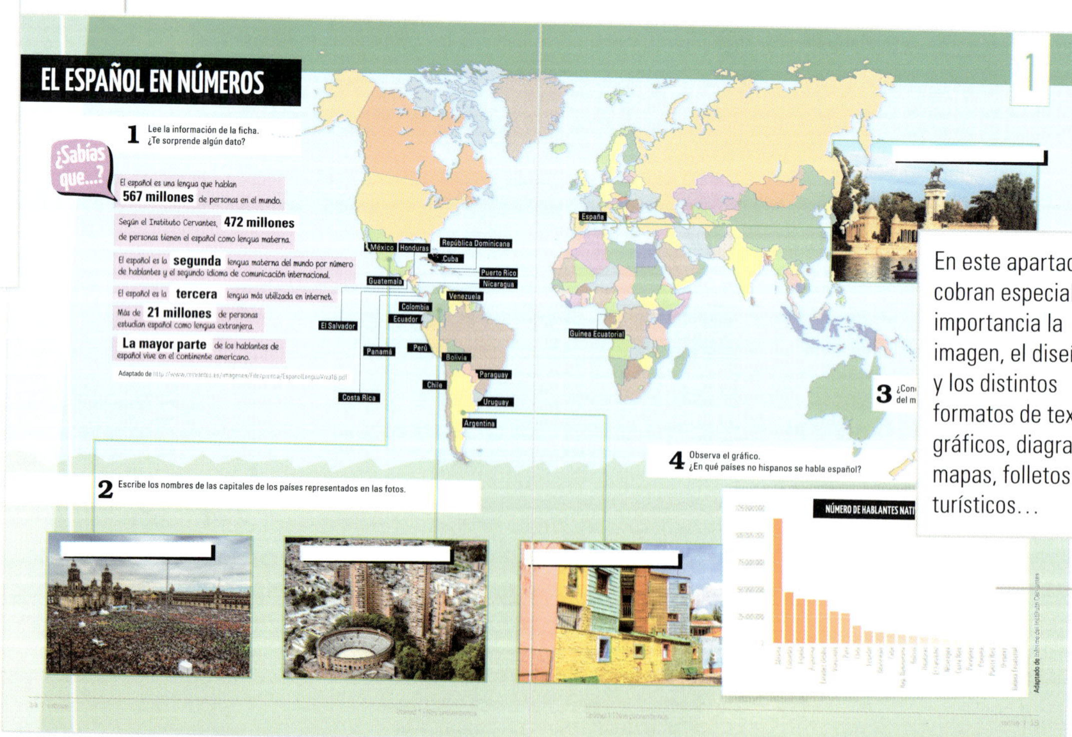

En este apartado cobran especial importancia la imagen, el diseño y los distintos formatos de texto: gráficos, diagramas, mapas, folletos turísticos...

Hostal Babel. Serie de ficción ideada para trabajar, a través del componente audiovisual, los contenidos tratados en cada unidad. Cinco personajes que conviven en un hostal para estudiantes desarrollan una relación de amistad. Con anécdotas actuales y divertidas, se van a conocer sus costumbres, su carácter y su forma de vida.

Se presentan diversas actividades para predecir, comprender y comentar la historia, así como para trabajar la comunicación no verbal.

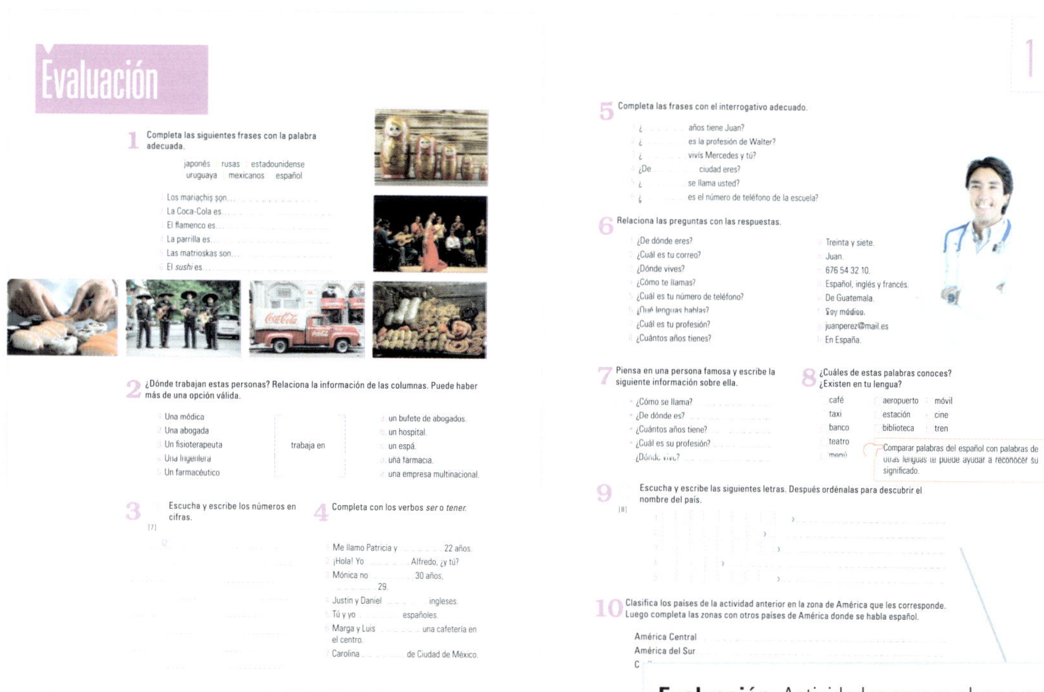

Evaluación. Actividades para evaluar o autoevaluar lo que se ha aprendido en la unidad y que sirven para que el estudiante tome conciencia de su propio aprendizaje. Con ellas, este puede reflexionar acerca de los errores cometidos e identificar aquellos contenidos que necesite repasar.

Índice

	Comunicación	Gramática	Léxico	Tipos de texto	Técnicas y estrategias	Cultura
4 En familia pág. 56	• Hablar de la familia • Describir personas • Describir la ropa • Expresar posesión y pertenencia • Hablar de acciones que se están realizando • Señalar personas y objetos	• Presente de indicativo regular: *-ar, -er, -ir* • Adjetivos y pronombres demostrativos • Adjetivos posesivos • *Estar* + gerundio • Contraste *tener*/*llevar* para describir	• Familia • Léxico para la descripción física y del carácter • Ropa • Colores	• Texto descriptivo: catálogo web de ropa • Texto explicativo: página web de ONG, página de presentación	• Usar la misma preposición en preguntas y respuestas • Deducir el léxico a través de un texto e identificarlo con una imagen para formular hipótesis	• Diseñadores de moda del mundo hispano: Narciso Rodríguez, Carolina Herrera, Custo Dalmau y Manolo Blahnik **Vídeo: *Hostal Babel*** • Episodio 4: *Navidad en Babel*
5 Igual que todos los días pág. 74	• Preguntar y decir la hora • Hablar de acciones habituales • Hablar de horarios, fechas y partes del día • Expresar frecuencia y el número de veces que se hace algo • Relacionar dos acciones temporalmente • Ordenar las acciones en el tiempo	• Presente de indicativo irregular: irregularidades vocálicas, primera persona irregular • Verbos reflexivos: *despertarse, vestirse...* • Preposiciones para expresar tiempo • Marcadores para ordenar las acciones: *primero, luego, después, por último*	• Acciones cotidianas • Partes del día • Días de la semana • Meses del año	• Texto informativo: horarios, fechas y partes del día • Texto descriptivo: costumbres de los españoles	• Asociar palabras con un verbo para hacer combinaciones • Identificar a las personas que hablan con sus imágenes correspondientes	• Horarios españoles **Vídeo: *Hostal Babel*** • Episodio 5: *El olor de tu café*
6 No me gusta, ¡me encanta! pág. 92	• Expresar gustos, intereses y preferencias • Expresar acuerdo y desacuerdo con los gustos de otra persona • Pedir en el restaurante • Pedir la cuenta	• Verbos *gustar, encantar, interesar* • Adverbios cuantificadores: *mucho/bastante/poco/nada* • Adverbios *también* y *tampoco*	• Actividades de ocio y tiempo libre • Comida, bebida, platos y tapas	• Texto instructivo: la carta de un restaurante y el menú del día	• Completar una definición a través de un esquema • Clasificar actividades a través de un texto con imágenes	• Lugares de interés en Bilbao (España) • Las tapas en España **Vídeo: *Hostal Babel*** • Episodio 6: *Unas tapas muy ricas*

	Comunicación	Gramática	Léxico	Tipos de texto	Técnicas y estrategias	Cultura
7 **Buenas intenciones** pág. 110	• Hablar de planes, intenciones y proyectos • Expresar deseos • Expresar obligación y necesidad • Dar consejos y hacer sugerencias • Proponer y sugerir planes • Aceptar/rechazar una invitación • Dar una opinión y valorar • Expresar causa y finalidad	• Expresiones verbales con infinitivo: *tener que* + infinitivo; *querer* + infinitivo; *ir a* + infinitivo; *pensar* + infinitivo; *hay que* + infinitivo; *necesitar* + infinitivo • Marcadores temporales para expresar futuro: *esta tarde/noche, mañana, la semana que viene...* • Contraste *por/para*	• Excursiones, montaña, sol y playa • Lenguaje del aula • Plural de los nombres terminados en *-y* • Combinaciones de palabras: verbos + nombres	• Texto descriptivo: información sobre excursiones • Texto conversacional: formas de estudiar un idioma • Texto instructivo: consejos para aprender un idioma	• Cómo rechazar una propuesta o invitación explicando la causa • Conocer diferentes estrategias de aprendizaje de una lengua	• El parque nacional de los Picos de Europa (España) • El parque nacional Canaima (Venezuela) • Tradiciones del Año Nuevo en México, Argentina y España
				Vídeo: *Hostal Babel* • Episodio 7: *Uvas y campanadas*		
8 **Cuídate mucho** pág. 128	• Hablar de enfermedades, dolencias y síntomas • Hablar de los estados de ánimo • Dar consejos, órdenes e instrucciones • Pedir permiso, objetos y favores • Aceptar y denegar peticiones	• Imperativo afirmativo: regular e irregular • Pronombres de objeto directo: *me, te, lo, la, nos, os, los, las*	• El cuerpo humano • Enfermedades, dolencias y síntomas • Estados de ánimo • Cambios ortográficos en los verbos que terminan en *-car, -gar, -ger, -gir, -zar*	• Texto instructivo: instrucciones en máquinas • Texto explicativo: artículo	• Reduplicar el imperativo para conceder permiso • Clasificar palabras por campos semánticos	• La dieta mediterránea
				Vídeo: *Hostal Babel* • Episodio 8: *¿Enferma?*		
9 **Experiencias vividas** pág. 146	• Hablar de acciones terminadas en un tiempo no terminado • Hablar de experiencias vividas • Hablar de la existencia o no de algo o de alguien • Hacer valoraciones • Discriminar acciones realizadas de las que no lo están con *ya* y *todavía no*	• Pretérito perfecto de indicativo regular e irregular • Marcadores temporales para expresar pasado reciente o hablar de experiencias: *esta mañana/tarde, este año/fin de semana, nunca, alguna vez...* • Adjetivos y pronombres indefinidos	• Productos, alimentos, envases y medidas • Experiencias vitales	• Página web: anuncio y campaña solidaria • Texto conversacional: blog • Texto descriptivo: cajas regalo • Texto explicativo: web de banco de alimentos, campaña solidaria	• Elaborar una historia con ayuda de imágenes desordenadas • Deducir acciones a través de un texto con imágenes	• Lugares insólitos de Hispanoamérica: el Salar de Uyuni, Vinicunca y los cenotes
				Vídeo: *Hostal Babel* • Episodio 9: *Cajas y cajas y cajas...*		

Repaso de los principales contenidos del nivel

	Comunicación	Gramática	Léxico	Tipos de texto	Técnicas y estrategias	Cultura
10 Fin de trayecto pág. 164	• Hablar de: – acciones cotidianas y en desarrollo – experiencias pasadas – deseos, posibilidad, necesidad y obligación – planes y proyectos – gustos y preferencias – existencia e inexistencia • Aconsejar y sugerir • Dar instrucciones • Pedir y dar información espacial	• Presente de indicativo (repaso) • *Ser, estar, tener, hay* (repaso) • Imperativo (repaso) • Estructuras con infinitivo y gerundio (repaso)	• Viajes • Comida, bebida y recetas de cocina • Ocio y tiempo libre • Acciones habituales • Familia • Descripción física y de carácter • El cuerpo humano	• Texto instructivo: juego de mesa • Texto instructivo: receta • Texto retórico: publicaciones y etiquetas en la red social Instagram	• Discriminar palabras de un texto agrupándolas en un campo semántico • Buscar información específica en un texto	• Colombia: regiones de la Amazonia, andina, Caribe, de la Orinoquía y Pacífico
				Vídeo: *Hostal Babel* • Episodio 10: *Fin de curso*		

Pronunciación y ortografía pág. 184

Tabla de verbos pág. 194

Glosario pág. 199

España datos de interés

Número de habitantes

48,7 millones de habitantes

Según el Banco Mundial, España es el tercer país más visitado del mundo, superado únicamente por Francia y México.

La mayor reserva ecológica de Europa está en España: el parque nacional de Doñana.

Es el cuarto país con más sitios Patrimonio de la Humanidad, por detrás de Italia, China y Alemania.

- Italia (58)
- China (56)
- Alemania (51)
- España (49)

Monumentos más visitados en España:

Es el líder mundial en donación de órganos.

Las cuevas de Altamira albergan el arte paleolítico más antiguo de Europa.

Hispanoamérica datos de interés

Según *National Geographic*, el glaciar Perito Moreno, dentro del parque natural Los Glaciares en Argentina, es el cuarto paraje natural más bello del mundo, y el parque nacional Canaima, en Venezuela, ocupa el lugar número 15.

¡Hola!

La mayoría de los hablantes de español se encuentran en Hispanoamérica:

455 millones de hablantes nativos

Lugares más visitados de Hispanoamérica

- **México** ≃ 41.5 millones de turistas
- **Argentina** ≃ 6.9 (m. t.)
- **República Dominicana** ≃ 6.6 (m. t.)
- **Chile** ≃ 5.7 (m. t.)

Principales culturas precolombinas

- **Azteca** (Sur de México, siglos XIV-XVI)
- **Maya** (México y Guatemala, siglos I-XVII)
- **Inca** (Ecuador, Perú, Bolivia, norte de Argentina y Chile, siglos XV-XVI)

¿Por qué estudio español?

Más de 595 millones de personas hablan español en el mundo. **De ellos, 496 millones son nativos.**

El español es la **segunda lengua materna del mundo** por número de hablantes, después del chino mandarín.

La contribución del conjunto de los países hispanohablantes al PIB mundial es del 6.2 %.

6.2 %

Es la cuarta lengua más estudiada del mundo después del inglés, el francés y el chino mandarín: actualmente hay casi 24 millones de estudiantes de español en el mundo.

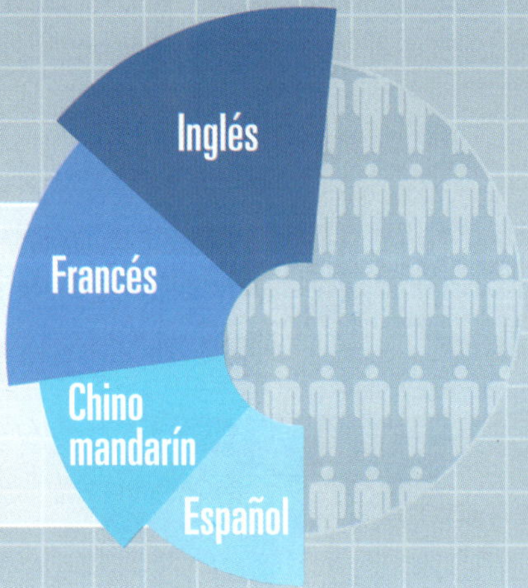

- El español es la tercera lengua más utilizada en la red.
- El 7.9 % de los usuarios de internet se comunica en español.
- El español es la segunda lengua más utilizada en Wikipedia, en Facebook, en LinkedIn y en X.

El español es la segunda lengua más importante en el ámbito internacional.

El español ocupa la cuarta posición en el ámbito institucional de la Unión Europea.

Es la tercera lengua en el sistema de trabajo de la ONU: es una de sus seis lenguas oficiales.

España es el tercer país exportador de libros del mundo.

España, Argentina y México se encuentran entre los quince principales países productores de películas del mundo.

Datos extraídos del informe *El español: una lengua viva*, elaborado y redactado por David Fernández Vítores, y dirigido y coordinado por la Dirección Académica del Instituto Cervantes.

Libro del estudiante

Nivel **A1**

Unidad

1

¡Hola!

Hello!

¿Cómo se dice *hola* en tu lengua?

¿Cómo se dice *adiós*?

¿Y *buenos días*?

Nos presentamos

En esta unidad vas a. . .

- Saludar y despedirte
- Presentarte y presentar a otra persona
- Identificarte: nacionalidad, profesión, edad...
- Deletrear palabras
- Conocer la importancia del español en el mundo

¿Qué sabes?

1 **Todo el grupo** ¿Sabes qué significan estas frases?

2 Escucha las letras del abecedario y repite.

[1]

ABeCeDario

		Gg	ge	Nn	ene	Tt	te
Aa	a	Hh	hache	Ññ	eñe	Uu	u
Bb	be	Ii	i	Oo	o	Vv	uve
Cc	ce	Jj	jota	Pp	pe	Ww	uve doble
Dd	de	Kk	ka	Qq	cu	Xx	equis
Ee	e	Ll	ele	Rr	erre	Yy	i griega
Ff	efe	Mm	eme	Ss	ese	Zz	zeta

RAE

LÉXICO

En el español de América hay letras que tienen otros nombres:

- b › *be alta* o *be larga*.
- v › *ve, ve baja, ve corta* o *ve chica*.
- w › *ve doble, doble ve*. En México y en algunos países de Centroamérica, *doble u*.
- y › *ye*.

2.1 Escucha el audio y completa los nombres.

[2]

1. _ H _ _ _ _
2. _ _ _ I _
3. K _ _ _ _
4. _ _ _ _ _ A
5. M _ _ _ _ _ _
6. _ _ _ W _

2.2 **Todo el grupo** ¿Cómo se escribe tu nombre? Deletréaselo a tus compañeros.

3 **En parejas** Relaciona las imágenes con los nombres de los países.

3.1 **Todo el grupo** ¿Y tú de dónde eres? Busca una foto de tu país y enséñasela al resto de la clase.

Palabras

1 [3] Estos son los números en español del 0 al 111. Escucha y repite.

Los números

0	cero	11	once	22	veintidós	40	cuarenta
1	uno	12	doce	23	veintitrés	44	cuarenta y cuatro
2	dos	13	trece	24	veinticuatro	50	cincuenta
3	tres	14	catorce	25	veinticinco	60	sesenta
4	cuatro	15	quince	26	veintiséis	70	setenta
5	cinco	16	dieciséis	27	veintisiete	80	ochenta
6	seis	17	diecisiete	28	veintiocho	90	noventa
7	siete	18	dieciocho	29	veintinueve	100	cien
8	ocho	19	diecinueve	30	treinta	101	ciento uno
9	nueve	20	veinte	31	treinta y uno	102	ciento dos
10	diez	21	veintiuno	32	treinta y dos	111	ciento once

1.1 [4] Marca cuál de los dos números oyes en cada diálogo.

1. 67 77
2. 2 12
3. 3 13
4. 2 12
5. 60 70
6. 50 15

2 Observa los nombres de estos países y sus gentilicios (nacionalidades) y deduce la información que falta.

País	Masculino singular	Femenino singular	Masculino plural	Femenino plural
Alemania	alem**án**	alem**ana**	alemane**s**	aleman**as**
Argentina	argentin**o**	argentin**a**	argentino**s**	argentina**s**
Brasil		brasil**eña**	brasileño**s**	
Canadá	canad**iense**	canad**iense**	canadiense**s**	canadiense**s**
Dinamarca	dan**és**	dan**esa**	dan**eses**	
Estados Unidos		estadouni**dense**		
Marruecos		marroqu**í**	marroquí**es**	
Perú			perano**s**	
Puerto Rico	puertorriqu**eño**	puertorriqu**eña**		

2.1 Clasifica las nacionalidades según su terminación.

-o/-a	-és/-esa	-ano/-ana	-eño/-eña	-án/-ana	-ense	-iense	-í
argentin**o/a**				alem**án/ana**			

2.2 **En parejas** Piensa en cinco países más y díselos a tu compañero/a, que tiene que decir el gentilicio (nacionalidad). Puedes consultar el diccionario.

3

En parejas ¿Dónde trabajan estas personas? Relaciona las imágenes con las profesiones. Recuerda que, en algunos casos, hay más de una opción válida.

médico/a | recepcionista | camarero/a | cocinero/a | abogado/a
ingeniero/a | enfermero/a | profesor/a | taxista | dependiente/a

Relacionar imágenes con palabras te ayuda a aprender vocabulario.

3.1 **En parejas** Piensa en otras profesiones y díselas a tu compañero/a. Él/Ella debe escribir dónde trabajan.

Ejemplo: *piloto - en un avión*

RAE

LÉXICO

Español de España › camarero/a : *Oiga, por favor, **camarero**, ¿me puede dar un poco de sal?*

Español de América › mesero/a, mozo/a : *El **mesero** se marcha y diez minutos después regresa con un vaso…*

Gramática

☞ *Usted* y *ustedes* son formales y sirven para mostrar respeto o distancia afectiva.

1 Pronombres personales de sujeto

	Singular	Plural
1.ª persona	yo	nosotros, nosotras
2.ª persona	tú	vosotros, vosotras
3.ª persona	él, ella, usted	ellos, ellas, ustedes

1.1 ¿Con qué pronombre personal relacionas las siguientes imágenes?

1 ☐ Tú y yo en Europa.

2 ☐ Luisa, Santi, Marcelo, Sandra, Patri y Marcos en la playa.

3 ☐ Carla y Paula en Turquía.

a. ellos | **b.** nosotros | **c.** ellas

RAE

GRAMÁTICA

- En Hispanoamérica y en algunas zonas de España (Canarias y Andalucía occidental) los pronombres vosotros/as no se usan; en su lugar, se usa ustedes:
  ¿Y ustedes qué comen ahora?
- En Argentina, Uruguay y Paraguay la forma para tú es vos:
  Me gustaría saber algo de vos.
- En otras partes de Hispanoamérica (México, América Central, Caribe) se usan las formas: tú, usted y vos.

2 Verbos *llamarse, ser, tener, vivir* y *trabajar*: forma y usos

	Llamarse	Ser	Tener	Vivir	Trabajar
yo	**me** llamo	**soy**	**tengo**	vivo	trabajo
tú	**te** llamas	**eres**	tienes	vives	trabajas
él, ella, usted	**se** llama	**es**	tiene	vive	trabaja
nosotros/as	**nos** llamamos	**somos**	tenemos	vivimos	trabajamos
vosotros/as	**os** llamáis	**sois**	tenéis	vivís	trabajáis
ellos, ellas, ustedes	**se** llaman	**son**	tienen	viven	trabajan

- Para **preguntar y decir el nombre** se usan los verbos *llamarse* y *ser*:
  ▶ *¿Cómo te llamas?*
  ▷ *Me llamo/Soy Ricardo.*
- Para **decir la edad** se utiliza el verbo *tener*:
  Tengo 39 años.
- Para **decir el lugar donde residimos** se usa el verbo *vivir* + *en*:
  Vivo en Roma.
- Para **decir la nacionalidad** se usa el verbo *ser* + adjetivo/*de* + lugar de origen:
  ▶ *¿De dónde eres?*
  ▷ *Soy colombiana, de Barranquilla.*
- Para **decir la profesión** se utiliza el verbo *ser*:
  Soy taxista.
- Para **decir el lugar de trabajo** o de **estudios** utilizamos los verbos *trabajar/estudiar* + *en*:
  Trabajo en un museo.

2.1 Marca los pronombres personales correspondientes a los siguientes verbos.

	Yo	Tú	Él, ella, usted	Nosotros/as	Vosotros/as	Ellos, ellas, ustedes
tenemos						
son						
tengo						
vivís						
te llamas						
trabaja						

2.2 Relaciona la información con la persona correcta.

1		2
☐	Vive en Valencia.	☑
☑	Vive en Caracas.	☐
☐	Es médico.	☐
☐	Se llama María.	☐
☐	Tiene 62 años.	☐
☐	Trabaja en una clínica privada.	☐
☐	Tiene 25 años.	☐
☐	Trabaja en una farmacia.	☐
☐	Se llama Mario.	☐
☐	Es española.	☐
☐	Es farmacéutica.	☐
☐	Es venezolano.	☐

3 Interrogativos

Para hacer preguntas puedes usar:

- *cómo, dónde, cuántos* + verbo
- *cuál/cuáles* + verbo
- *qué* + verbo/nombre

3.1 **En parejas** Haz estas preguntas a tu compañero/a y anota sus respuestas.

1. ¿Cómo te llamas? ....
2. ¿De dónde eres? ....
3. ¿De qué ciudad eres? ....
4. ¿Dónde vives? ....
5. ¿Cuántos años tienes? ....
6. ¿Cuál es tu profesión?/¿Qué haces? ....
7. ¿Dónde trabajas? ....

Practica en contexto

1 [5] Escucha estas presentaciones de profesionales y completa la información que falta.

	1	2	3	4	5
Nombre:		Marina	Malthe	Sara	
Edad:			40 años	30 años	27 años
Profesión:	diseñadora gráfica	conductora		panadera	
Nacionalidad:	peruana				mexicano
Lugar de residencia:		Kiev	Madrid		
Lugar de trabajo:	empresa de publicidad	empresa de transporte de viajeros			compañía multinacional

Preguntar y dar información personal
- ¿Cómo se llama?
- ¿Cuántos años tiene?
- ¿De dónde es?
- ¿Dónde vive/trabaja?
- *¿Cuál es la profesión de* + nombre?
- *Se llama* + nombre
- *Tiene* + edad
- *Es* + nacionalidad/*Es de* + país/ciudad
- *Vive/Trabaja/Estudia en* + lugar
- *Es* + profesión

Presentarte
- *Me llamo* + nombre
- *Tengo* + edad
- *Soy* + profesión
- *Soy* + nacionalidad/*Soy de* + país/ciudad
- *Vivo en* + ciudad/país
- *Trabajo/Estudio en* + nombre de la empresa/lugar de trabajo o estudios

Presentar a otro
- Mira/Mire, este/esta es...
- Te/Le presento a...

Responder a una presentación
- ¡Hola!
- Encantado/a (de conocerte/lo/la).
- Mucho gusto.

1.1 Contesta a las siguientes preguntas.

1. ¿Cómo se llama la panadera? ....
2. ¿Cuántos años tiene Malthe? ....
3. ¿Cuál es la profesión de Carlos? ....
4. ¿Dónde vive Marina? ....
5. ¿Dónde trabaja Paula? ....

RAE **LÉXICO**

Español de España › conductor, chófer: *Se tarda entre 30 y 40 minutos; indicad al **conductor** que vais a las ruinas...*

Español de América › chofer: *El **chofer** mira por el espejo retrovisor a la última pasajera.*

1.2 **En parejas** Ahora preséntate a tu compañero/a.

Ejemplo: *Hola, soy Amelia. Tengo 27 años. Soy argentina, pero vivo en Madrid. Trabajo en una tienda de celulares y soy dependienta.*

1.3 **Todo el grupo** Levántate y presenta a tu compañero/a a otros estudiantes. Responde a las diferentes presentaciones. Ellos tienen que saludar y responder al saludo.

2 **En parejas** Lee estas tarjetas profesionales y contesta a las preguntas de tu compañero/a.

Preguntar por datos personales

- **¿Cuál es** el móvil/el celular/la dirección/el código postal/el correo electrónico/el sitio web... de...?
- **¿Cuáles son** los apellidos de...?

En las tarjetas profesionales pueden aparecer las siguientes abreviaturas y signos:

- **C/** › calle
- **Av./Avd./Avda.** › avenida
- **Pl./Plza./Pza.** › plaza
- **Tfno./Tel./Teléf.** › teléfono
- **Móv.** › móvil
- **Cel.** › celular
- **@** › arroba
- **www** › uve doble, uve doble, uve doble; doble u, doble u, doble u; tres uves dobles; triple uve doble; triple doble u.
- . › punto
- - › guion, guion medio
- _ › guion bajo, barra baja
- / › barra

Estudiante A

1. ¿Cuál es el móvil de la actriz?
2. ¿Cuál es la dirección del psicólogo?
3. ¿Cuál es el código postal de la fisioterapeuta?
4. ¿Cuál es la dirección de correo electrónico de Kim?
5. ¿Cuál es la profesión de Kim?
6. ¿Cuál es la dirección web del bufete de abogados?
7. ¿Cuáles son los apellidos de Margarita?

Estudiante B

1. ¿Cuál es la página web de la clínica?
2. ¿Cuál es el correo electrónico de Esteban Gil?
3. ¿Cuál es el apellido de la actriz?
4. ¿Cuál es el móvil de la profesora de inglés?
5. ¿Cuál es el código postal de Samuel?
6. ¿Cuál es la profesión de Esteban?
7. ¿Cuál es la dirección de la fisioterapeuta?

Pedir aclaraciones

- ¿Puedes repetir, por favor?
- Más despacio, por favor.
- ¿Cómo se dice en español "@"?
- ¿Qué significa "Pza."?

RAE

LÉXICO

Español de España › móvil : *¿Para qué quieres el **móvil**? ¿No lees los mensajes?*
Español de América › celular : *–Voy a llamar por el **celular** –dijo Richard–. ¡Aj! ¡No hay recepción!*

3 Completa el siguiente formulario de empleo en una empresa.

Trabaja con nosotros

Si quieres trabajar con nosotros, completa y envía el siguiente formulario y te responderemos lo antes posible. * Campos obligatorios

Nombre *

Primer apellido *

Segundo apellido

Correo electrónico *

Teléfono de contacto * | Fecha de nacimiento (DD/MM/AAAA) *

País * | Nacionalidad

Dirección

Ciudad | Código postal

Idiomas *

4 Observa las siguientes imágenes y relaciónalas con los diálogos.

Un **formulario** es un documento físico o digital donde el usuario debe introducir sus datos personales (nombre, apellidos, dirección, teléfono, etc.) para ser almacenados y procesados posteriormente.

El nombre de los idiomas suele coincidir con el gentilicio en la forma del masculino singular: ***español, inglés, francés, alemán***... Pero hay excepciones: ~~brasileño~~ › ***portugués***.

En los países hispanohablantes se utilizan dos apellidos, que generalmente son el primero del padre y el primero de la madre, aunque es frecuente usar solo el primero.

Diálogo 1
- ▶ Hola, buenos días.
- ▷ Buenos días, ¿en qué puedo ayudarle?
- ▶ Tengo una cita con el señor Moreno.
- ▷ Muy bien, ¿cómo se llama?
- ▶ Me llamo Nicolás Ibáñez.
- ▷ Un momento, por favor.

Diálogo 2
- ▶ Hola, Martín, buenos días. ¿Un café solo y un cruasán como siempre?
- ▷ ¡Cómo me conoces! Gracias, Pedro.

Diálogo 3
- ▶ Oye, ¿tienes un minuto?
- ▷ Sí, claro, dime.
- ▶ ¿Qué te parece esta foto para la página web?

Diálogo 4
- ▶ ¿Quiere algo de comer?
- ▷ Sí, pero no sé qué. ¿Tienen algo sin gluten?
- ▶ Por supuesto. Aquí tiene las tartas sin gluten.

RAE

LÉXICO

Español de España › café solo : *Prefiere un **café solo** y sin azúcar.*
Español de República Dominicana y Venezuela › café tinto : *[...] un **café tinto** en el sitio de costumbre.*
Español de Argentina › café chico : *A MEDIA MAÑANA: 1 vaso de agua mineral o 1 **café chico**.*

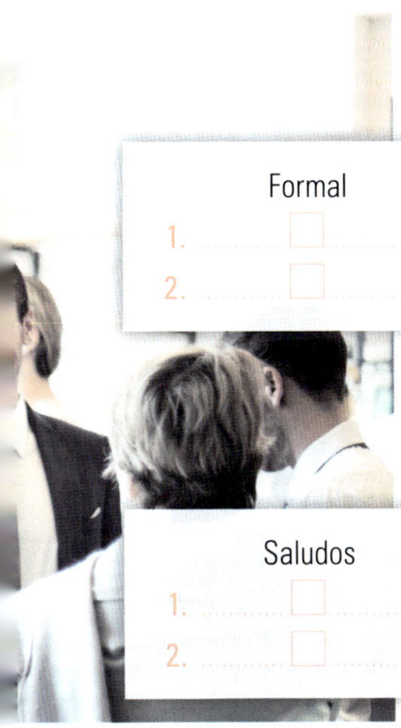

4.1 ¿Cómo son las situaciones anteriores? Marca con una X si son formales o informales.

	Formal	Informal		Formal	Informal
1.	☐	☐	3.	☐	☐
2.	☐	☐	4.	☐	☐

- Las formas *usted* y *ustedes* se usan para mostrar respeto social o distancia afectiva.
- Cuando el tratamiento es formal, el verbo se utiliza en tercera persona (singular o plural) en lugar de la segunda: *¿Cómo se llama (usted)?/¿Cómo te llamas (tú)?*

5 Escucha el audio y marca con una X si saludan o se despiden. [6]

	Saludos	Despedidas		Saludos	Despedidas
1.	☐	☐	3.	☐	☐
2.	☐	☐	4.	☐	☐

Saludar
- ¡Hola!/¿Qué tal?/¿Cómo estás?
- Buenos días./Buenas tardes./Buenas noches.

Despedirse
- Adiós (+ buenos días/buenas tardes/buenas noches).
- Hasta mañana./Hasta luego.

EL ESPAÑOL EN NÚMEROS

1 Lee la información de la ficha. ¿Te sorprende algún dato?

¿Sabías que...?

El español es una lengua que hablan **567 millones** de personas en el mundo.

Según el Instituto Cervantes, **472 millones** de personas tienen el español como lengua materna.

El español es la **segunda** lengua materna del mundo por número de hablantes y el segundo idioma de comunicación internacional.

El español es la **tercera** lengua más utilizada en internet.

Más de **21 millones** de personas estudian español como lengua extranjera.

La mayor parte de los hablantes de español vive en el continente americano.

Adaptado de http://www.cervantes.es/imagenes/File/prensa/EspanolLenguaViva16.pdf

2 Escribe los nombres de las capitales de los países representados en las fotos.

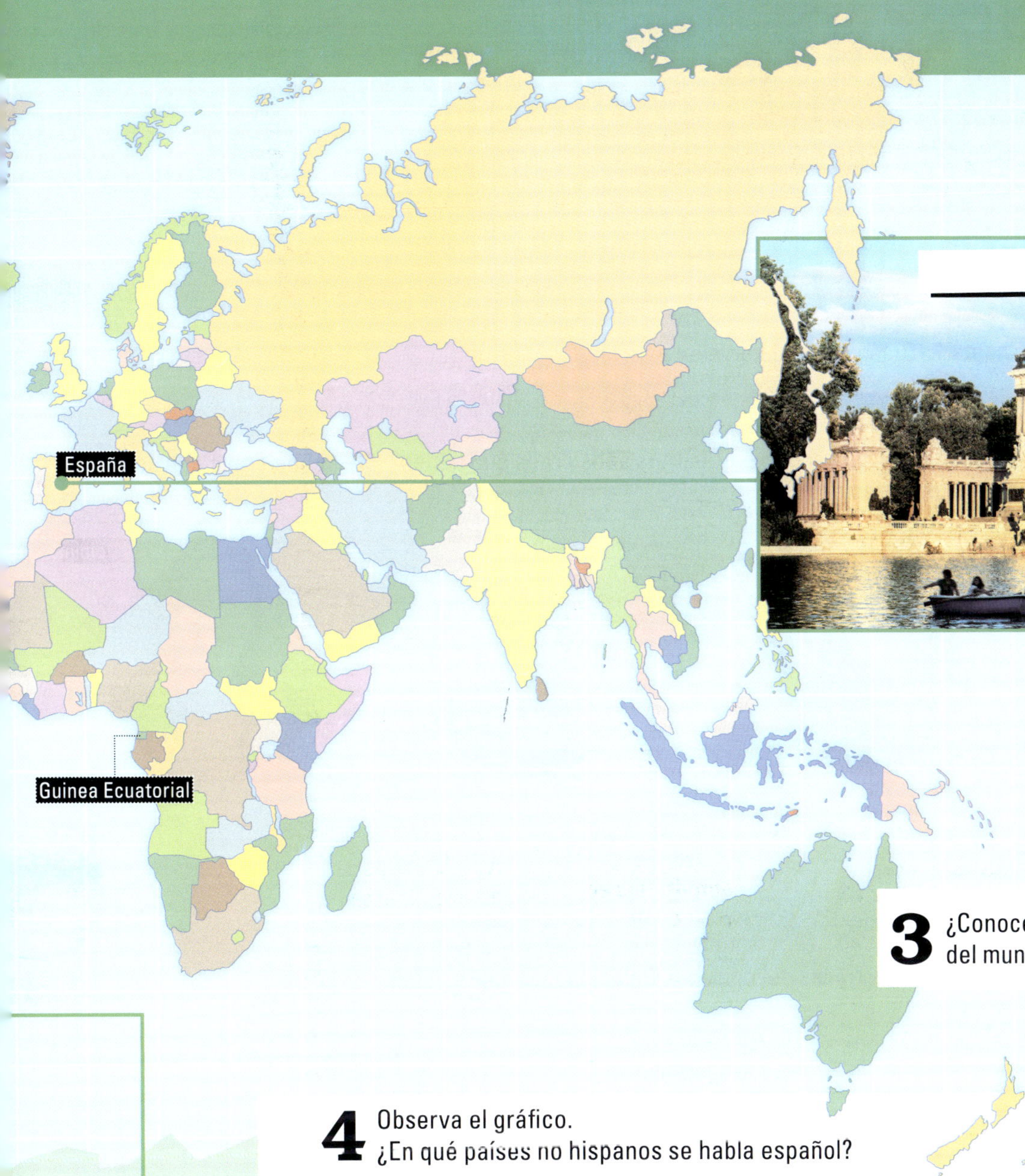

3 ¿Conoces el nombre de otras capitales del mundo hispano?

4 Observa el gráfico.
¿En qué países no hispanos se habla español?

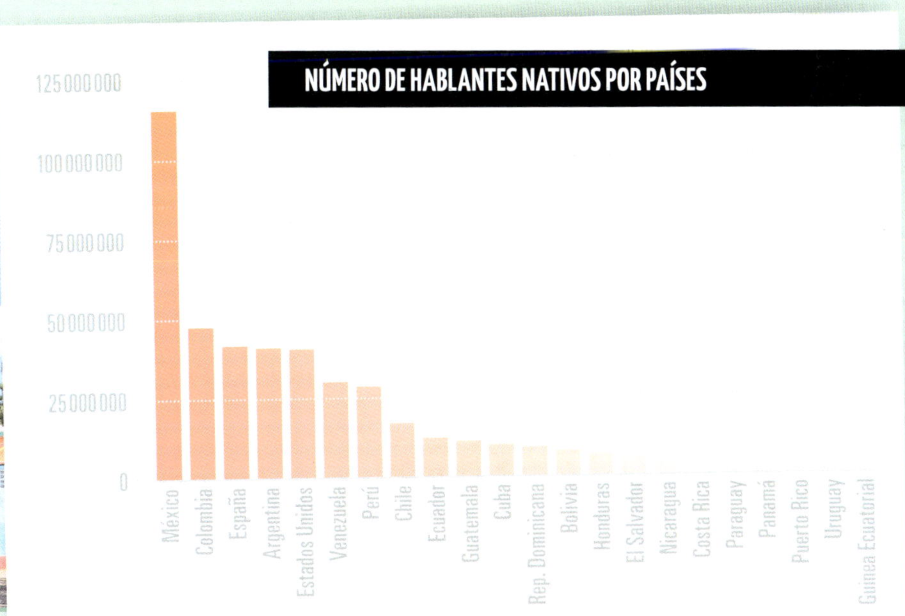

Adaptado de Informe del Instituto Cervantes

Vídeo

HOSTAL Babel

¡Bienvenido al hostal Babel!

Antes del vídeo

1 ¿Sabes qué es un hostal? ¿Quién suele alojarse en este lugar?

a. empresarios b. estudiantes o gente con poco dinero c. familias con hijos

2 Estas son las protagonistas de *Hostal Babel*. ¿Cuántos años crees que tienen? ¿De dónde crees que son? ¿Cuáles crees que son sus profesiones?

Creo que tiene... años años años

Creo que es de...

Creo que es...

3 **En parejas** Aquí tienes algunas frases del episodio. Relaciona las expresiones con su uso.

1. ¿Cómo se llama?
2. ¡Hola!
3. Este es Hugo.
4. ¡Adiós!
5. ¿Cuántos años tienes?
6. ¿De dónde es?
7. Yo soy Carla.
8. Mucho gusto en conocerte.

a. Para saludar.
b. Para presentarse.
c. Para presentar a alguien.
d. Para responder a la presentación.
e. Para preguntar por el nombre.
f. Para preguntar por la nacionalidad.
g. Para preguntar por la edad.
h. Para despedirse.

Durante el vídeo

4 Visiona la primera parte del vídeo (00:30 ▶ 01:40) y escribe el nombre del nuevo huésped.

5 Ahora visiona el fragmento 01:40 ▶ 02:42 y completa la información que falta. ¿Coincide con tus respuestas de la actividad 2?

Nombre	Bea	Carla	Tere
Edad	33		
Profesión	hostelera		
Nacionalidad	española		española

6 Completa la ficha de Hugo (01:40 ▶ 02:50), el nuevo huésped del hostal Babel.

Nombre: ....
Edad: ....
Profesión: ....
Nacionalidad: ....

7 Visiona de nuevo el siguiente fragmento 01:40 ▶ 02:20 y completa los espacios en blanco de la conversación.

Bea: [1] ...., chicas, [2] ....
Tere y Carla: [3] ....
Bea: Es nuestro nuevo huésped. Es de México.
Hugo: Sí, acabo de llegar a España. Del aeropuerto directamente al hostal Babel.
Tere: Pues [4] ...., Hugo. [5] .... Tere. Soy estudiante y tengo 19 años.
Hugo: ¡[6] ...., Tere! ¿Qué estás estudiando?
Tere: Dirección de Empresas.
Hugo: ¡Ah, qué buena onda, muy interesante!
Carla: [7] .... Tengo 24 años y estudio Filosofía. Bueno, ya acabé la carrera. Ahora estoy haciendo una maestría y trabajando.
Hugo: [8] ...., Carla. ¿En qué trabajas?

Recuerda:

- Cuando presentamos a alguien, utilizamos ***este/esta es*** + nombre, señalando a la persona con la mano extendida:
  *Hola, chicas, **este es** Hugo.*
- En España e Hispanoamérica, cuando te presentan a alguien, se da la mano en situaciones formales o si se trata de dos hombres, y dos besos en situaciones informales o familiares. También es frecuente hacer un gesto con la mano como saludo.

Después del vídeo

8 **En parejas** Elige a un/a compañero/a y haz una presentación completa a la clase utilizando los gestos adecuados.

Ejemplo:

▶ *Esta es Elena* (señalando con la mano extendida), *tiene 23 años y es de Roma, Italia.*
▶ *¡Hola, Elena!*
▷ *¡Hola, chicos!* (levantando la mano) *Mucho gusto.*

9 **Todo el grupo** Como hemos visto, en España y en la mayoría de los países hispanohablantes las personas se dan dos besos al presentarse cuando la situación es informal o familiar. Sin embargo, en situaciones formales se dan la mano. ¿Es igual en tu país? Explícaselo a tus compañeros.

Evaluación

1 Completa las siguientes frases con la palabra adecuada.

japonés | rusas | estadounidense
uruguaya | mexicanos | español

1. Los mariachis son... ....
2. La Coca-Cola es... ....
3. El flamenco es... ....
4. La parrilla es... ....
5. Las matrioskas son... ....
6. El *sushi* es... ....

2 ¿Dónde trabajan estas personas? Relaciona la información de las columnas. Puede haber más de una opción válida.

1. Una médica		a. un bufete de abogados.
2. Una abogada		b. un hospital.
3. Un fisioterapeuta	trabaja en	c. un espá.
4. Una ingeniera		d. una farmacia.
5. Un farmacéutico		e. una empresa multinacional.

3 Escucha y escribe los números en cifras.

[7]

12	....
....	....
....	....
....	....
....	....
....	....
....	....
....	....

4 Completa con los verbos *ser* o *tener*.

1. Me llamo Patricia y .... 22 años.
2. ¡Hola! Yo .... Alfredo, ¿y tú?
3. Mónica no .... 30 años, ... 29.
4. Justin y Daniel .... ingleses.
5. Tú y yo .... españoles.
6. Marga y Luis .... una cafetería en el centro.
7. Carolina .... de Ciudad de México.

5 Completa las frases con el interrogativo adecuado.

1. ¿..................... años tiene Juan?
2. ¿..................... es la profesión de Walter?
3. ¿..................... vivís Mercedes y tú?
4. ¿De .... ciudad eres?
5. ¿..................... se llama usted?
6. ¿..................... es el número de teléfono de la escuela?

6 Relaciona las preguntas con las respuestas.

1. ¿De dónde eres?
2. ¿Cuál es tu correo?
3. ¿Dónde vives?
4. ¿Cómo te llamas?
5. ¿Cuál es tu número de teléfono?
6. ¿Qué lenguas hablas?
7. ¿Cuál es tu profesión?
8. ¿Cuántos años tienes?

a. Treinta y siete.
b. Juan.
c. 676 54 32 10.
d. Español, inglés y francés.
e. De Guatemala.
f. Soy médico.
g. juanperez@mail.es
h. En España.

7 Piensa en una persona famosa y escribe la siguiente información sobre ella.

- ¿Cómo se llama? ....
- ¿De dónde es? ....
- ¿Cuántos años tiene? ....
- ¿Cuál es su profesión? ....
- ¿Dónde vive? ....

8 ¿Cuáles de estas palabras conoces? ¿Existen en tu lengua?

- [ ] café
- [ ] taxi
- [ ] banco
- [ ] teatro
- [ ] menú
- [ ] aeropuerto
- [ ] estación
- [ ] biblioteca
- [ ] móvil
- [ ] cine
- [ ] tren

Comparar palabras del español con palabras de otras lenguas te puede ayudar a reconocer su significado.

9 Escucha y escribe las siguientes letras. Después ordénalas para descubrir el nombre del país.

[8]

1. ☐☐☐☐☐☐☐☐☐ › ....
2. ☐☐☐☐☐☐☐ › ....
3. ☐☐☐☐☐☐☐☐ › ....
4. ☐☐☐☐ › ....
5. ☐☐☐☐☐☐☐☐ › ....

10 Clasifica los países de la actividad anterior en la zona de América que les corresponde. Luego completa las zonas con otros países de América donde se habla español.

América Central ....

América del Sur ....

Caribe ....

Unidad

2 Mi casa, mi barrio

¿Cómo es tu barrio, moderno o antiguo?

¿Tu barrio está en una ciudad grande o pequeña?

¿Vives en el centro de la ciudad o a las afueras?

¿Vives en una casa o en un piso?

En esta unidad vas a. . .

- Localizar objetos en el espacio
- Hablar de la existencia o inexistencia de algo o de alguien
- Expresar cantidad
- Hablar de tu barrio y de tu casa
- Conocer una calle emblemática de Barcelona: las Ramblas

¿Qué sabes?

1 **Todo el grupo** ¿Qué hay en un barrio? Habla con tus compañeros.

2 **En parejas** Relaciona los tipos de vivienda con las fotos.

....

....

....

....

edificio de pisos | urbanización | casa con jardín y piscina | casa con patio
chalé adosado | casa baja

RAE **LÉXICO**

Español de España › apartamento/piso :
*Gloria quiere vender el **piso** en el que ha vivido toda su vida para irse al extranjero a trabajar.*
Español de América › departamento :
*Laura y Consuelo, jóvenes que comparten **departamento**.*

Español de España › piscina :
*La urbanización dispone de zonas comunes con jardines, **piscinas** y pistas de pádel.*
Español de México › alberca :
*Una casa inmensa, terraza con vista a la playa, **alberca** y un piso con sala de estar.*
Español de Argentina › pileta :
*Por ejemplo, nunca meterse en la **pileta** sin avisar a los mayores.*

2.1 **Todo el grupo** ¿Hay viviendas similares en tu país? ¿En qué tipo de casa vives? Busca una imagen y enséñasela al resto de la clase.

Palabras

1 **En parejas** Lee la información de estos anuncios de alquiler y complétalos con las palabras de la tabla. Puedes usar el diccionario.

Tipo de vivienda	Partes de la casa	Muebles	Electrodomésticos	Otros
chalé piso	baño dormitorios salón-comedor	armarios sillas	microondas nevera	garaje calefacción ascensor

A

[1] .... de 65 m², exterior, muy céntrico y luminoso. Dos [2] ...., salón, cocina, [3] .... y tres balcones. Sin amueblar.

Características

Edificio

- Cuatro plantas.
- Sin [4] ....

Equipamiento

- Cocina de gas.
- [5] ....
- Lavadora.
- Aire acondicionado.
- [6] .... central.

B

Precioso [1] .... de 125 m². Dos plantas, vistas al mar, primera línea de playa. Tiene tres dormitorios, [2] ...., cocina, dos baños, terraza de 35 m² y [3] .... para dos coches.

Equipamiento

- Muebles: camas, [4] ...., dos sofás, sillón, televisión, mesa y [5] ....
- Aire acondicionado.
- Cocina equipada: cocina eléctrica, nevera, lavadora, lavavajillas, horno y [6] ....

RAE **LÉXICO**

Español de España › dormitorio/habitación : *Una cocina de considerables dimensiones, un cuarto de baño y tres **dormitorios** perfectamente amueblados.*
Español de América › recámara : *Alrededor del patio están las **recámaras**, la sala-comedor y la cocina.*

Español de España › salón : *El **salón** es espacioso y [está] amueblado con refinamiento.*
Español de América › *living* : *Toman el café recién preparado en el* living.

Español de España › nevera/frigorífico : *Junto a la **nevera** abierta, Ángela llena un vaso de agua con un botellón de agua de cinco litros.*
Español de América › heladera : *Marta abre la **heladera** y saca la leche.*

Español de España › lavadora : *Hay que hacer compra, preparar a los niños para el colegio, poner **lavadoras**, planchar...*
Español de América › lavarropas : *Para la ropa, blanqueadores, desmanchadores y los detergentes baja espuma para los **lavarropas** automáticos.*

1.1 [9] Escucha a estos agentes inmobiliarios y comprueba tus respuestas.

2 **En parejas** Observa las imágenes, lee las palabras y describe estos barrios.

residencial | céntrico | moderno | tranquilo | antiguo | ruidoso

Ejemplo: *El barrio de la foto 1 es…*

1

2

3

3 **En parejas** Mira el plano de este barrio y haz una lista de los edificios y de los establecimientos que hay. Puedes usar el diccionario si no sabes su significado. Trabaja con tu compañero/a.

3.1 **Todo el grupo** ¿Qué hay en tu barrio? ¿Qué no hay?

Ejemplo: *En mi barrio hay dos cafeterías, un supermercado, una farmacia y una parada de autobús, pero no hay centro de salud.*

RAE

LÉXICO

Español de España y América › supermercado : *Quiero ir a un **supermercado** para conseguir algunas provisiones.*

Español de Venezuela › automercado :

*Carmen de López estaba haciendo sus compras en el **automercado** San Diego de la Zona Industrial.*

Gramática

1 Género y número de los nombres y los adjetivos

- Género **masculino**
  - Nombres terminados en *-o*: *apartamento, niño, lavabo...*
  - Nombres terminados en *-aje*: *garaje, viaje...*

> Excepciones: *la mano, la foto, la moto, la radio...*

- Género **femenino**
  - Nombres terminados en *-a*: *casa, niña, computadora...*
  - Nombres terminados en *-ción*, *-sión*, *-dad*: *estación, televisión, nacionalidad...*

> Excepciones: *el día, el problema, el idioma, el tema, el sofá...*

- Los nombres referidos a **personas y animales** generalmente tienen los dos géneros: *niño/niña, gato/gata...*
- Hay nombres que usan **palabras diferentes** para el masculino y el femenino: *hombre/mujer, padre/madre, caballo/yegua...*
- Los nombres que se refieren a **cosas** tienen **un solo género**: *el libro, la casa...*
- Los nombres terminados en **consonante** o en *-e* pueden ser masculinos o femeninos: *el lápiz, la pared, el puente, el restaurante, el coche, la fuente, la noche, la calle...*
- Formación del **plural**
  - Cuando el nombre termina en **vocal**, se añade *-s*: *piso › pisos; gato › gatos*
  - Cuando el nombre termina en **consonante**, se añade *-es*: *móvil › móviles; televisión › televisiones*

> Fíjate: *lápiz › lápices*

- Los **adjetivos concuerdan** en género y número **con el nombre** al que acompañan: *un barrio bonito/una tienda moderna/unos apartamentos céntricos/unas casas ruidosas...*
- Los adjetivos terminados en **consonante** o en *-e* no varían en el género: *interesante, agradable, dulce, difícil, fácil, útil...: el libro es interesante/la película es interesante...*

1.1 Clasifica estos nombres en su lugar correspondiente de la tabla. Después escribe el plural.

apartamento | madre | habitación | ciudad | televisión | garaje | piso | sofá | idioma | calefacción | restaurante | caballo

Masculino	Femenino	Plural	

1.2 Escribe un nombre para cada uno de los siguientes adjetivos.

Ejemplo: *piso* moderno

1. .... interesante
2. .... buenas
3. .... útil
4. .... luminoso
5. .... agradable
6. .... fácil
7. .... céntrico
8. .... tranquilos

2 Artículo indeterminado y artículo determinado

En español hay dos artículos:

	Indeterminado		Determinado	
	Masculino	**Femenino**	**Masculino**	**Femenino**
Singular	un restaurante	una cafetería	el restaurante	la cafetería
Plural	unos restaurantes	unas cafeterías	los restaurantes	las cafeterías

- Sirve para hablar **por primera vez** de un nombre que es desconocido por nuestro interlocutor:

  *Tengo **un** apartamento en Ibiza.*

- Sirve para hablar de un nombre **ya conocido** por el interlocutor:

  ***El** apartamento tiene dos dormitorios.*

2.1 Escribe los artículos adecuados delante de cada nombre.

un / *el*	bolígrafo	... / ...	relojes	... / ...	coche
unas / *las*	mesas	... / ...	madre	... / ...	fuentes
... / ...	días	... / ...	problemas	... / ...	calle
... / ...	calefacción	... / ...	cocinas	... / ...	nacionalidad
... / ...	viaje	... / ...	sillón	... / ...	mujeres
... / ...	fotos	... / ...	sofás	... / ...	móvil
... / ...	idioma	... / ...	televisión	... / ...	garajes

Para conocer el género de los nombres puedes fijarte en la información que hay en el diccionario: **Mujer** Del lat. *mulier, -ĕris.* 1. **f.** Persona del sexo femenino.

3 Contraste *hay/está(n)*

- Para expresar la **existencia** de algo o de alguien y de su cantidad, se usa la estructura *hay* + *(un/una/unos/unas)* + nombre. *Hay* tiene una sola forma para singular y plural:

  *En mi barrio **hay un** restaurante, **una** peluquería, **tres** escuelas, cafeterías, y árboles y plantas por todas partes.*

- También se usa para hablar de una **cantidad indeterminada**: *Hay* + *mucho/a/os/as - poco/a/os/as* + nombre:

  *En mi barrio hay **muchos** restaurantes pero **pocas** farmacias.*

- Para **localizar** algo o a alguien, se usa: *el/la/los/las* + nombre + *está(n)*:

  *Los niños **están** en la escuela.*

*~~Un~~ El garaje **está** al lado de la peluquería.*
*En mi barrio **hay** ~~la~~ **una** farmacia.*

3.1 Completa el texto con *hay* o *está/están*.

Mi apartamento [1] .... en el centro de la ciudad. [2] .... una estación de metro en la plaza y también [3] .... un parque. Al lado de la escuela [4] .... muchos restaurantes. El garaje [5] .... en el mismo edificio. En mi apartamento [6] .... una cocina, un salón, un cuarto de baño y un dormitorio. Es pequeño y [7] .... pocos muebles. La mesa y las sillas [8] .... en la cocina. El sofá y la televisión [9] .... en el salón. [10] .... calefacción pero no [11] .... aire acondicionado.

Practica en contexto

Verbo *estar*

- El verbo *estar* es un verbo irregular:

yo	**estoy**
tú	**estás**
él, ella, usted	**está**
nosotros/as	estamos
vosotros/as	estáis
ellos, ellas, ustedes	**están**

- El verbo *estar* se utiliza para **localizar en el espacio** y se combina con la preposición *en* y otras expresiones de lugar:

  *El lápiz **está al lado del** libro.*
  *El libro **está dentro del** baúl.*

- La preposición *en* puede sustituir a *encima de* y *dentro de*:

  *El libro está **en/encima de** la mesa.*
  *Los platos están **en el/dentro del** armario.*

- Estas son las expresiones de lugar más comunes:

Fíjate:
a + el › **al** de + el › **del**

1 **En parejas** Pregúntale a tu compañero/a dónde están los siguientes lugares del barrio y completa tu plano. Después compara la ubicación de los lugares para comprobar si está bien.

Estudiante A
- el supermercado
- el coche
- el centro de salud
- la estación de metro

Estudiante B
- la farmacia
- el hotel
- el gimnasio
- la parada de autobús del 43

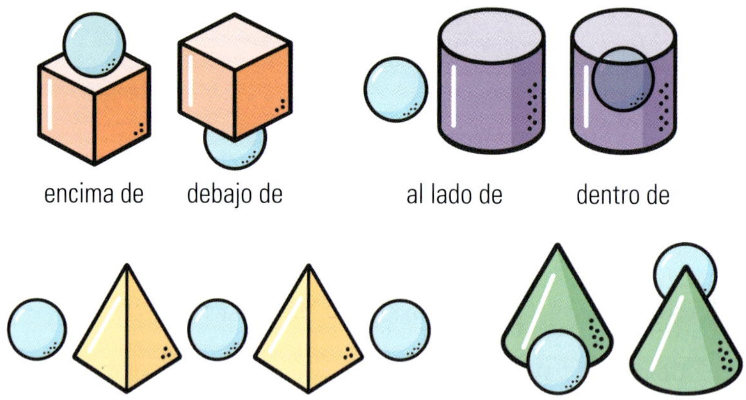

encima de · debajo de · al lado de · dentro de · a la izquierda de · entre · a la derecha de · delante de · detrás de

2 **En parejas** Lee las entradas de un foro sobre los barrios de diferentes ciudades, completa con *mucho/a/os/as* o *poco/a/os/as* y elige la forma verbal *hay/está/están*.

Nuestros barrios

Bellavista, Santiago de Chile, Chile

Yo vivo en el barrio de Bellavista, en Santiago de Chile. Es uno de los lugares con más encanto de Santiago. [1] **Hay/Está/Están** al lado del cerro San Cristóbal y el río Mapocho. Es un barrio céntrico, pero [2] **hay/está/están** [3] **poc**...... tráfico y es muy tranquilo. [4] **Hay/Está/Están** [5] **much**...... restaurantes y calles coloridas con arte urbano. También [6] **hay/está/están** la casa del escritor Pablo Neruda.

Barrio El Carmen, Valencia, España

Yo vivo en el barrio El Carmen de Valencia. En mi barrio [7] **hay/está/están** [8] **much**...... cafeterías, un mercado y [9] **much**...... tiendas de ropa. Delante de mi casa [10] **hay/está/están** el centro comercial y detrás, el gimnasio donde voy habitualmente. Además, [11] **hay/está/están** una estación de metro. ¡Es el lugar perfecto para vivir!

Urbanización Montesol, Almería, España

Yo vivo en una urbanización que se llama Montesol, en Almería. En la urbanización [12] **hay/está/están** [13] **poc**...... tiendas. Solo [14] **hay/está/están** un supermercado, un banco y, a la izquierda de mi casa, una farmacia. [15] **Hay/Está/Están** dos paradas de autobús que [16] **hay/está/están** en la entrada de la urbanización. ¡Ah! Y [17] **hay/está/están** un parque para pasear al perro.

El barrio de mi compañero/a ....

....

....

....

....

Expresar cantidad

Usamos los **cuantificadores** ***mucho/a/os/as*** y ***poco/a/os/as*** + nombre:

*En mi casa hay **mucho** ruido y **poca** luz.*
*La casa tiene **muchas** habitaciones y **pocos** armarios.*

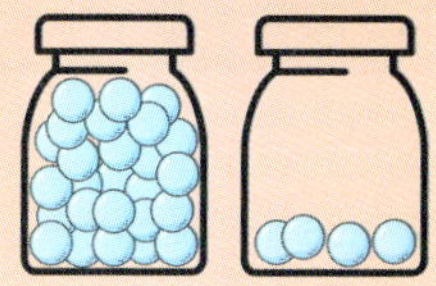

2.1 **En parejas** Pregúntale a tu compañero/a en qué barrio vive y cómo es. Puedes buscar alguna imagen en internet.

En tu barrio...

- ¿Hay restaurantes? ¿Muchos o pocos?
- ¿Hay tiendas? ¿De qué tipo son?
- ¿Hay colegios? ¿Dónde están?
- ¿Hay parques?
- ¿Hay hospitales o centros de salud?
- ¿Qué transportes hay?

2.2 Con la información obtenida, escribe una entrada en el foro anterior con la imagen y las características del barrio de tu compañero/a.

1

2

3

3 [10] **En parejas** Escucha a estas personas y anota las características de la casa que necesitan. Después compara tus notas con las de tu compañero/a.

4

5

6

3.1 Ahora lee estos anuncios de venta y alquiler de casas. Puedes usar el diccionario si no entiendes alguna palabra.

a **Alquiler de habitaciones para estudiantes**

Zona centro.
Sin amueblar.
Exteriores.
200 €/mes.
Contacto: 675 29 68 44 (preguntar por Rosa).

b **encuentrapiso.com**

Alquiler de pisos amueblados de 2 y 3 dormitorios en zona centro. Interiores, con ascensor y calefacción central.
Bien comunicados.
Entre 900 y 1000 €/mes.
Contacto: juan@encuentrapiso.com

c **Venta de estudios y pisos de 2 dormitorios en zona centro**

Céntricos, interiores y exteriores, con ascensor, garaje y trastero.
Amueblados, con cocina equipada y calefacción central.
Tiendas y supermercados.
Cafeterías y restaurantes.
Colegios y zonas verdes.
Más información en www.vendealquila.com

d **¡Nueva promoción!**

Alquiler y venta de estudios en el barrio de Buenos Aires (a 5 minutos del centro en metro).
Interiores/exteriores.
Plaza de garaje (opcional).
Zona con supermercados, bares y tiendas de barrio.
Ver más en info@alquinova.es

m^2 se dice *metros cuadrados*.

Números desde 100

- **100 cien**
- **101 ciento** un(o) / una
- **102** ciento dos
- **115** ciento quince
- **168** ciento sesenta y ocho
- **200 doscientos/as**
- **300 trescientos/as**
- **400 cuatrocientos/as**
- **500 quinientos/as**
- **600 seiscientos/as**
- **700 setecientos/as**
- **793 setecientos/as noventa y tres**
- **800 ochocientos/as**
- **900 novecientos/as**
- **1000 mil**
- **1001** mil un(o)/a
- **1439** mil cuatrocientos/as treinta y nueve

Fíjate:
*ciento **un** euros/ciento **una** personas*
*doscient**os** euros/doscient**as** personas*

f **Inmobiliaria Los Peñotes**

Venta y alquiler de chalés en urbanización La Casona (a 50 km del centro).
1 planta + garaje (2 plazas).
3 dormitorios.
2 baños.
Jardín de 155 m^2.
Zonas comerciales.
Colegios.
Alquiler desde 900 €.
Ver precios de venta en www.inmopeñotes.es

g **Inmobiliaria Villar**

Venta de chalé adosado de 185 m^2 en la urbanización Los Pinares (a 30 km del centro).
2 plantas + garaje (1 plaza).
3 dormitorios.
2 baños.
Jardín de 100 m^2.
Urbanización privada.
Colegios.
Zonas comerciales.
310 000 €.
Contacto: 658 45 78 92.

h **Alquilo piso sin amueblar en zona centro**

110 m^2.
3 dormitorios.
Primera planta.
Exterior.
Calefacción individual.
Ascensor.
Zona de restaurantes y tiendas.
Contacto:
Juan: 698 587 110.

3.2 **Todo el grupo** ¿Qué vivienda de las anteriores es más adecuada para las personas de la actividad 3? ¿Por qué?

4 [11] Escucha el precio de estos alquileres y anótalo. Después escríbelo en letras.

1. .... € ....
2. .... € ....
3. .... € ....
4. .... € ....
5. .... € ....
6. .... € ....
7. .... € ....
8. .... € ....
9. .... € ....

RAE

LÉXICO

Español de España › alquiler/alquilar :
*La Comunidad ofrecerá este año 7600 pisos en **alquiler** para jóvenes.*

Español de América › renta/rentar :
*–Perdone –dijo ella–, ¿es este el departamento que **rentan**?*

Español de España › ascensor :
*Bajamos en **ascensor** a la planta baja.*

Español de América › elevador :
*Ahí tomé el **elevador** hasta el piso número 5.*

Español de España › garaje :
*Todas las viviendas incluyen plaza de **garaje**.*

Español de América › cochera :
*La casa que habitaron en la colonia Condesa no tenía **cochera**.*

5 **En parejas** Hazle a tu compañero/a la siguiente encuesta para saber cómo son su casa y su barrio.

1. ¿Qué tipo de casa es?
   - ☐ estudio ☐ apartamento ☐ chalé
   - ☐ piso ☐ casa ☐ otros
2. ¿Cuántos metros cuadrados mide?
   - ☐ Menos de 80 m^2.
   - ☐ Entre 80 m^2 y 120 m^2.
   - ☐ Más de 120 m^2.
3. ¿Cuántas habitaciones tiene?
4. ¿Qué equipamiento tiene la casa? ¿Está amueblada? ¿Tiene garaje, calefacción...?
5. ¿En qué planta está?
6. ¿En qué barrio está?
7. ¿Qué tipo de barrio es?
   - ☐ residencial ☐ moderno ☐ antiguo
   - ☐ céntrico ☐ tranquilo ☐ alegre

Alquilo habitación en zona universitaria

Bien comunicada.
Habitación interior con cama, escritorio y armario.
250 €/mes.
(Preguntar por Ana).
Tel.: 698 74 25 36.

Iberinmo alquila pisos desde 700 €

Bien comunicados.
2 o 3 dormitorios.
Exteriores o interiores.
Calefacción central.
Ascensor.
Sin amueblar.
Barrio con colegios, parques, tiendas y supermercados.
Contacto:
info@iberinmo.es

Números ordinales

Para indicar el orden de los elementos, se usan los **números ordinales**. Los números ordinales tienen el mismo género y número del nombre al que acompañan o al que se refieren:

- 1.º (er)/a/os/as › **primero** (primer)/a/os/as
- 2.º/a/os/as › **segundo**/a/os/as
- 3.º (er)/a/os/as › **tercero** (tercer)/a/os/as
- 4.º/a/os/as › **cuarto**/a/os/as
- 5.º/a/os/as › **quinto**/a/os/as
- 6.º/a/os/as › **sexto**/a/os/as
- 7.º/a/os/as › **séptimo**/a/os/as
- 8.º/a/os/as › **octavo**/a/os/as
- 9.º/a/os/as › **noveno**/a/os/as
- 10.º/a/os/as › **décimo**/a/os/as

*Vivo en la **décima** planta de este edificio.*
*Somos los **terceros** de la clase.*

Fíjate:
piso **primero** › **primer** piso
piso **tercero** › **tercer** piso

5.1 Con la información de tu compañero/a, escribe un breve anuncio de venta o alquiler de su casa. Incluye los datos que aparecen en el cuadro y ponle un precio.

tipo de vivienda | metros cuadrados | localización | equipamiento
número de habitaciones | características del barrio

6 **Todo el grupo** ¿Cómo es la vivienda en tu país? Habla con tus compañeros. Explica las diferencias.

Las Ramblas

1 Aquí tienes una de las calles más populares de Barcelona. Lee la información.

Las Ramblas es una de las calles más emblemáticas de Barcelona. Está entre la plaza de Cataluña y el monumento a Colón. Cada año la visitan unos 78 millones de personas. En las Ramblas siempre hay mucha gente. También hay muchos quioscos de prensa y flores, actores callejeros, cafeterías, restaurantes y tiendas. En las Ramblas puedes visitar los siguientes lugares:

Farmacia Nadal

La farmacia Nadal está situada en el número 121 de las Ramblas. Es un lugar que, al igual que la Casa de los Paraguas, representa el estilo modernista catalán.

Mercado de la Boquería

El Mercat de Sant Josep, popularmente conocido como *La Boquería*, tiene una superficie de 2583 m² con más de 300 puestos que ofrecen una gran variedad de productos locales y exóticos.

Teatro del Liceo

El Gran Teatro del Liceo de Barcelona, conocido como *el Liceu*, es el teatro en activo más antiguo y prestigioso de Barcelona y uno de los más importantes del mundo. Se usa sobre todo como teatro de ópera.

Fuente de Canaletas

Es uno de los lugares más emblemáticos de la ciudad para los aficionados del F. C. Barcelona, ya que allí celebran sus victorias.

Casa de los Paraguas

La Casa Bruno Cuadros de Barcelona, conocida como *la Casa de los Paraguas*, es un buen ejemplo del modernismo catalán. En el edificio se mezclan elementos decorativos chinos, japoneses y egipcios. Lo más llamativo es el gran dragón chino de la fachada.

Mosaico de Joan Miró

El mosaico está en la plaza de la Boquería, en la parte central de las Ramblas. Tiene unos 8 metros de diámetro y tiene forma de círculo irregular. Los colores del mosaico son cinco: blanco, negro, azul, rojo y amarillo.

1.1 **Todo el grupo** ¿Hay una calle similar en tu ciudad? Busca fotos en internet y descríbela en clase.

- ¿Cómo se llama?
- ¿Dónde está?
- ¿Qué tipo de tiendas, comercios y establecimientos hay?
- ¿Qué edificios interesantes se pueden visitar?

HOSTAL Babel

Este barrio

Antes del vídeo

1 **En parejas** En la fotografía se ve la cocina del hostal Babel. Marca las cosas que ves en ella.

- ☐ aire acondicionado
- ☐ armario
- ☐ horno
- ☐ lámpara
- ☐ lavadora
- ☐ lavavajillas
- ☐ mesa
- ☐ nevera
- ☐ plantas
- ☐ sillas

2 **Todo el grupo** ¿Cómo es la cocina del hostal Babel? ¿Qué tiene? Puedes usar algunas de estas palabras para describirla.

grande · totalmente equipada · vieja · sin amueblar · luminosa · pequeña · moderna

Durante el vídeo

3 Marca los establecimientos típicos de un barrio que se mencionan en el fragmento 00:30 ▸ 03:25.

- ☐ restaurante vegano
- ☐ biblioteca
- ☐ cafetería
- ☐ centro comercial
- ☐ centro de salud
- ☐ colegio
- ☐ discoteca
- ☐ entrada de metro
- ☐ estudio de yoga
- ☐ farmacia
- ☐ gimnasio
- ☐ hostal
- ☐ hotel
- ☐ parada de autobús (colectivo)
- ☐ universidad
- ☐ hospital
- ☐ supermercado
- ☐ tienda de alimentos ecológicos (naturistas)

4 Tere, Hugo y Carla están localizando algunos lugares del barrio en el plano. ¿Quién está interesado en los siguientes lugares? Vuelve a visionar el fragmento 00:30 ▸ 03:25 y relaciona la información.

1. un restaurante vegano
2. una biblioteca
3. un estudio de yoga
4. una discoteca
5. un gimnasio
6. una tienda de alimentos ecológicos (naturistas)

a. Tere
b. Hugo
c. Carla

RAE

LÉXICO

Español de España y otros países hispanoamericanos › barrio :
*Hace muchos años que vivo en un **barrio** y hago vida de barrio.*
Español de México y Honduras › colonia :
*Tomó un taxi que lo llevó hasta la **colonia** Guadalupe Inn.*

5 **En parejas** En el vídeo se mencionan tres establecimientos que no hay en el barrio donde está el hostal Babel. ¿Cuáles son? Habla con tu compañero/a y luego compruébalo visionando el fragmento 01:09 ▶ 03:10.

6 Carla y Hugo llaman al metro y al autobús de diferente manera. Selecciona la opción correcta. Luego comprueba tus respuestas visionando el fragmento 00:30 ▶ 01:08.

1. ¿Cómo llama Hugo al autobús?
   a. camioneta b. camión c. colectivo
2. ¿Cómo llama Carla al metro?
   a. colectivo b. guagua c. subte

7 En la última parte del vídeo conocemos a un personaje nuevo, Leo. ¿Qué aficiones tiene? Visiona el fragmento 03:58 ▶ 04:20 y marca sus aficiones.

- [ ] los cómics
- [ ] los cuadros
- [ ] el estudio
- [ ] el deporte
- [ ] las novelas
- [ ] los videojuegos
- [ ] las películas
- [ ] la fotografía

8 Carla, Tere y Leo le explican a Hugo dónde están sus dormitorios. Visiona el fragmento 04:20 ▶ 04:40 y relaciona la información.

1. El cuarto de Carla está...
2. El cuarto de Leo está...
3. El cuarto de Tere está...
4. El cuarto de Bea está...

a. **enfrente del** cuarto de Tere.
b. **a la izquierda del** pasillo.
c. **a la derecha del** pasillo.
d. **al lado del** baño chico.

Recuerda:
- a + el › **al**
- de + el › **del**

Después del vídeo

9 Observa los gestos de estas tres imágenes. ¿Qué crees que indican? ¿Se utilizan los mismos gestos en tu país?

10 **En grupos pequeños** Dibuja el plano de tu casa y explícales a tus compañeros qué habitaciones tiene. Después diles dónde está tu habitación.

Esta es mi casa. Este es el salón, esta es la cocina... Aquí está mi habitación, está a la izquierda del baño.

11 **Todo el grupo** ¿Vas a los mismos lugares que los personajes del vídeo? ¿Qué lugares de tu barrio visitas con más frecuencia?

Evaluación

1 Completa las palabras relacionadas con la vivienda y el barrio.

.... OR .... T .... R .... O

C .... I .... A

.... R .... A DE .... TO .... ÚS

.... I .... N .... SI ....

C .... NT .... O CO .... ER .... I L

G .... R .... J ....

2 Completa el correo electrónico de Patricia con los artículos *un*, *una*, *el*, *la*.

De: Patricia   Para: Víctor   Asunto: Mi nueva casa

¡Hola, Víctor!
¡Ya tengo casa! Es [1] .... apartamento muy bonito. Tiene dos habitaciones, [2] .... salón muy grande y [3] .... cocina americana. [4] .... salón y [5] .... dormitorio grande tienen mucha luz. [6] .... apartamento está al lado de mi trabajo y está en [7] .... barrio muy animado.
¡Qué suerte! En [8] .... barrio hay muchas cosas: [9] .... parque, [10] .... colegio para Guille, [11] .... biblioteca, muchos restaurantes, bancos y tiendas. [12] .... parque es ideal para pasear con Guille y correr por las mañanas.
¡A ver cuándo me visitas!
Besos,
Patricia

3 Elige la opción correcta.

1. **El/La** sofá es cómod**o/a**.
2. **Los/Las** problemas son difíciles.
3. Alquilo **un/una** piso exterior.
4. Hay **una/la** tienda de ropa en mi calle.
5. **Los/Las** restaurantes son modern**as/os**.
6. **El/La** foto es bonit**o/a**.

4 Relaciona con su contrario.

individual | interior | nuevo | oscuro | sin amueblar | sin ascensor

1. exterior/ ....
2. viejo/ ....
3. con ascensor/ ....
4. calefacción central/calefacción ....
5. amueblado/ ....
6. con luz/ ....

5 Escribe en letras los siguientes números. Cuidado con la concordancia.

314 .... personas.
271 .... euros.
568 .... libros.
981 .... viviendas.
365 .... días.

6 Combina los elementos de las columnas para formar frases.

1. Los libros		al lado de la lavadora.
2. El barrio		en el centro de la ciudad.
3. En mi barrio	está	ascensor.
4. La nevera	están	a la derecha del salón.
5. En el edificio no	hay	delante del sofá.
6. La mesa		encima de la mesa.
7. Mi dormitorio		muchas tiendas.

7 Escucha el diálogo. ¿De qué oferta hablan?

[12]

1. Se alquila piso con muebles. 2 dormitorios. Exterior. Calefacción individual. En el centro de la ciudad. Precio: 900 €/mes.

2. Alquilo piso amueblado en Las Rosas. 2 dormitorios, exterior, con ascensor y calefacción central. Bien comunicado. Precio: 900 €/mes.

3. Alquiler: piso exterior y amueblado en zona centro. 2 dormitorios, con ascensor y calefacción central. Precio: 900 €/mes.

8 Responde a este correo electrónico dándole a la persona la información que pide y que aparece debajo.

Hola, buenos días:
Estoy interesado en el piso de alquiler con referencia 9214875, pero necesito alguna información más.
¿En qué calle está? ¿En qué planta está? ¿Hay conserje en el edificio? ¿Y garaje? ¿Cómo es el barrio?
Muchas gracias.
Un saludo,
Carlos Pérez

Hola, Carlos:
El piso con referencia 9214875 está ....
....
En el edificio hay ....
....
El barrio es ....
....
....
Un saludo,
....

- Piso:
  - calle Cartagena, 15, 5.ª planta
  - conserje 24 horas
  - garaje
- Barrio:
  - residencial y tranquilo
  - con zonas verdes
  - 1 estación de metro
  - 2 paradas de autobús
  - 2 supermercados
  - 1 panadería
  - 1 centro comercial
  - 1 colegio
  - 1 farmacia 24 horas

Unidad

3

¿Te gusta viajar? ¿A dónde?

¿Cómo viajas?

¿Con quién viajas?

¿Qué llevas siempre en tu maleta?

Vamos de viaje

En esta unidad vas a. . .

- Localizar personas, objetos y lugares
- Expresar preferencias
- Pedir y dar instrucciones para traslados en medios de transporte
- Pedir y dar información espacial
- Preguntar y decir el precio
- Conocer Ciudad de México

¿Qué sabes?

1 **Todo el grupo** ¿Conoces estos medios de transporte? Escribe el nombre debajo de cada foto. ¿Cuál prefieres?

barco | tren | metro | avión | autobús | bicicleta | coche | taxi

1 ....

2 ....

3 ....

4 ....

RAE

LÉXICO

Español de España › coche : *Creo que está en el **coche**...*
Español de América › carro/auto : *Ramón, tú a mi **carro** no subes.*

Español de España › metro : *Teodoro mueve la cabeza, baja ahora las escaleras del **metro** y no quiere pensar en Carlos.*
Español de Argentina › subte : *Con toda la gente que viaja en **subte**, el colectivo estará vacío.*

1.1 **Todo el grupo** ¿Cuáles utilizas más? ¿Y cuáles no utilizas? ¿Por qué?

Ejemplo: *Yo utilizo el metro porque es más rápido.*

2 **En parejas** Cuando viajas, ¿qué buscas? ¿Coincides con tu compañero/a?

Cuando viajo, busco...

▸ sol y playa

bienestar

naturaleza

tranquilidad

gastronomía

cultura

5

6

7

8

Español de España (península) › autobús : *De nuevo en el **autobús** de regreso a casa.*
Español de México › camión : *Son las 11 de la noche. Un **camión** azul recorre las calles...*
Español de Argentina › colectivo : *En un cuarto de hora sale el **colectivo**...*
Español de Guatemala › camioneta : *Nos sentamos como mejor podemos en el interior de la **camioneta**...*
Español de España (Canarias) y Cuba › guagua : *Uno puede acompañar a sus familiares a las paradas de las **guaguas**...*

3 **En grupos pequeños** ¿Conoces estos tipos de alojamiento? ¿Cómo se llaman en español? ¿Dónde te alojas cuando viajas?

diversión

aventura

1

2

3

4

Palabras

1 Cuando viajamos, estos son algunos de los lugares de interés que encontramos. Relaciona las imágenes con la palabra correspondiente.

museo | iglesia | ruinas
plaza | parque | mirador

1 ______

2 ______

4 ______

5 ______

1.1 [13] Escucha el audio y di de qué fotos hablan. ¿Sabes de qué país son?

Hablan de las fotos ...., ... y ....

El país es ....

1.2 **Todo el grupo** ¿Qué monumentos hay en tu ciudad? Cuéntaselo a la clase.

2 Relaciona los iconos con su significado.

a. aparcamiento | **b.** restaurante
c. duchas | **d.** recepción 24 h
e. wifi | **f.** baños | **g.** piscina
h. parque infantil | **i.** supermercado
j. zona de acampada

1 ☐

2 ☐

3 ☐

4 ☐

5 ☐

6 ☐

7 ☐

8 ☐

9 ☐

10 ☐

2.1 **En parejas** Mira el plano del *camping* Albatros y pregúntale a tu compañero/a dónde están estos lugares.

Estudiante A

1. las duchas
2. la piscina
3. el aparcamiento
4. la recepción

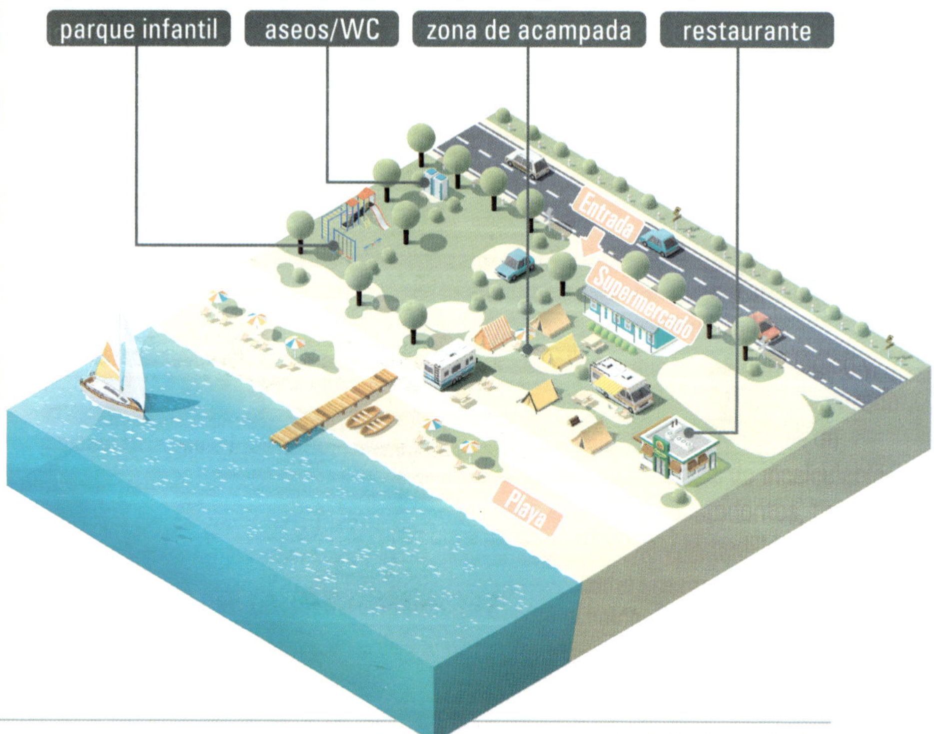

3

6

> Para hablar de cercanía o lejanía usamos *cerca (de)* y *lejos (de)*. Recuerda:
> - delante (de)/detrás (de)
> - a la izquierda (de)/a la derecha (de)
> - entre... y...

Estudiante B

1. la zona de acampada
2. el parque infantil
3. los aseos
4. el restaurante

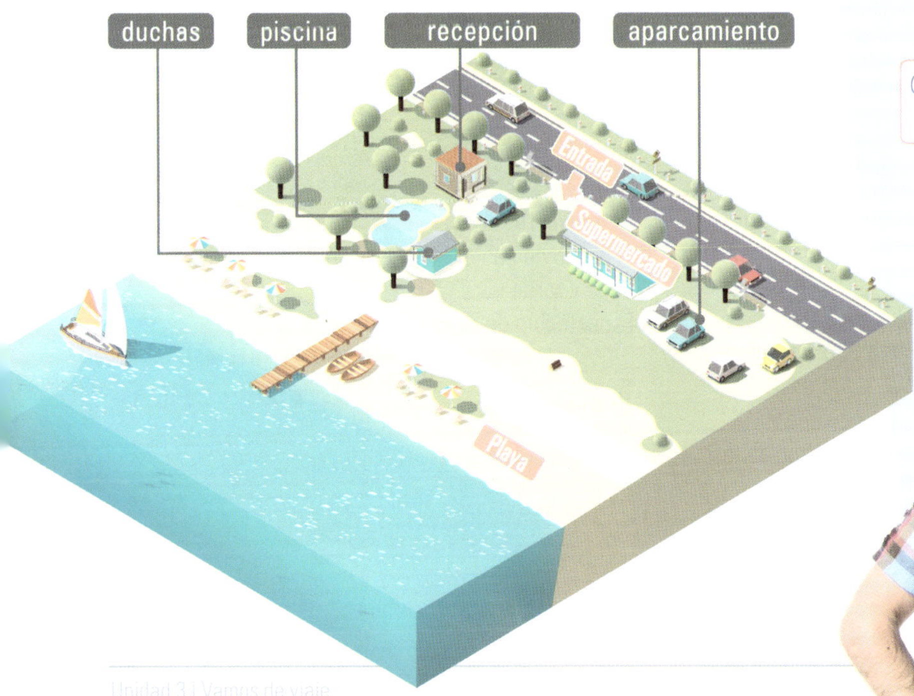

3 **En parejas** ¿Con qué tipo de turismo relacionas estas actividades? Escríbelas en el lugar que corresponde.

Ir a la playa. | Ir a la montaña. | Ver un espectáculo. | Descansar. | Visitar/Ver un parque natural. | Hacer una excursión. | Hacer surf. | Visitar/Ver un museo. | Ir a un mercado de artesanía. | Tomar el sol. | Ver animales. | Ver monumentos. | Hacer submarinismo.

Turismo de naturaleza	Turismo cultural	Turismo de sol y playa

3.1 **Todo el grupo** ¿Qué prefieres hacer cuando viajas? Cuéntaselo a la clase.

Cuando viajo, prefiero descansar, ir a la playa y tomar el sol.

Gramática

> Observa:
> - El verbo *ir* es completamente irregular.
> - El verbo *viajar* es un verbo regular. Fíjate en las terminaciones.

1 Verbos *ir* y *viajar*

	Ir	Viajar
yo	**voy**	viaj**o**
tú	**vas**	viaj**as**
él, ella, usted	**va**	viaj**a**
nosotros/as	**vamos**	viaj**amos**
vosotros/as	**vais**	viaj**áis**
ellos, ellas, ustedes	**van**	viaj**an**

2 Preposiciones *a* y *en*

La preposición ***a*** sirve para:

- Expresar la **dirección** y el **destino**:

  *Este verano voy **a** Cuba.*

  Recuerda: *a* + *el* › *al*:

  *Pueden ir **al** centro andando.*

- Expresar la **distancia** o el **tiempo**:

  *El centro está **a tres kilómetros** del hotel, pero hay una estación de metro **a cinco minutos** de aquí.*

La preposición ***en*** sirve para:

- **Localizar** personas, lugares u objetos:

  *El hotel está **en** el centro de la ciudad.*

- Hablar del **medio de transporte**:

  *¿Por qué no vas a Sevilla **en** tren?*

> Fíjate en estas excepciones:
> ir **a** pie - ir **andando** - ir **a** caballo

2.1 **En parejas** ¿Qué medio de transporte utiliza tu compañero/a en su vida diaria para ir a estos lugares? Pregúntaselo y anota su respuesta.

- la universidad
- el centro
- el supermercado
- el cine
- un restaurante
- la casa de tu familia
- ...

Ejemplo: ▶ *¿Cómo vas **al** trabajo?*
▷ *Voy **en** metro.*

2.2 **Todo el grupo** ¿En qué coincides con él/ella? Cuéntaselo al resto de la clase.

Mi compañera Lenka y yo vamos en tren a la universidad y al campo.

2.3 Lee el programa de un viaje a Buenos Aires y completa con las preposiciones *a* o *en*.

Viaje a Buenos Aires

Día 1

Vuelo de España [1] .... Buenos Aires y recepción [2] .... el aeropuerto.

Día 2

Visita panorámica [3] .... autobús para ver la plaza Rosada, la plaza de Mayo y Puerto Madero. Comida [4] .... el barrio de San Telmo y vuelta [5] .... el hotel. Tarde libre.

Día 3

Visita [6] .... el barrio de Palermo y [7] .... el Jardín Japonés. Tiempo libre para comer [8] .... Palermo y visita guiada [9] .... el cementerio de la Recoleta.

Día 4

Excursión [10] .... el barrio de La Boca y tarde libre. Espectáculo de tango [11] .... el café Tortoni.

Día 5

Excursión por el río Tigre [12] .... barco.

Día 6

Vuelo [13] .... España.

3 Verbos *poder* y *preferir*

Poder	Preferir
puedo	prefiero
puedes	prefieres
puede	prefiere
podemos	preferimos
podéis	preferís
pueden	prefieren

- ***Poder*** + infinitivo expresa **posibilidad**:

  *En Guatemala **puedes ver** volcanes, ruinas y **visitar** una ciudad como Antigua.*

- ***Preferir*** + nombre/infinitivo se usa para hablar de **preferencias**:

  *Yo **prefiero el viaje/viajar** a Punta Cana porque es muy barato.*

Estos verbos son irregulares en la raíz verbal.

3.1 **Todo el grupo** Cuenta a la clase cuáles son tus preferencias cuando viajas y justifica por qué.

Cuando viajo, prefiero	ir en avión ir en tren ir en coche ir en autobús ir a casa de un amigo ir a un *camping* dormir en un hotel ir a la playa ir al campo ir a la montaña visitar una ciudad comer en un restaurante ...	porque	es (más)	divertido. barato. relajante. interesante. variado. rápido. cómodo. seguro. ...
			puedes	pasear. ver animales. disfrutar de la naturaleza. hacer una excursión. hacer turismo. tomar el sol. ...

RAE **LÉXICO**
Los adjetivos más frecuentes en español asociados a medios de transporte son: *ecológico, rápido, lento, caro, peligroso, cansado, práctico, seguro, cómodo, económico, puntual, contaminante, barato.*

4 *Hay, ser* y *estar*

- ***Hay*** se usa para hablar de la **existencia** o **inexistencia** de algo:

  *Cerca del museo **hay** un parque.*

  *En el hotel no **hay** restaurante.*

- ***Ser*** + adjetivo se usa para **describir** objetos, lugares y personas:

  *El hotel **es** céntrico/grande/pequeño/limpio.*

- ***Estar*** se usa para **localizar** lugares, personas y objetos en el espacio:

  ▶ *¿Dónde **está** la estación de trenes?*

  ▷ ***Está** cerca del hotel.*

4.1 **En parejas** Completa los comentarios con los verbos *ser, estar* o *hay*.

★★★

El hotel [1] .... en el centro y [2] .... una parada de autobús delante del hotel. En las habitaciones [3] .... aire acondicionado, pero la conexión wifi, aunque [4] .... gratuita, no [5] .... muy buena.
El restaurante [6] .... agradable y económico. [7] .... en la primera planta del hotel. [8] .... pequeño, pero la atención [9] .... muy buena. [10] .... un bufé libre muy variado.

La excursión a Antigua [11] .... muy interesante. En la ciudad [12] .... muchas iglesias, ruinas y museos, y puedes visitar el volcán de Agua y el cerro de la Cruz, un mirador que [13] .... a 10 minutos en coche del centro. Al cerro de la Cruz puedes ir en taxi o andando y al volcán de Agua puedes ir en taxi ([14] .... a 11 kilómetros más o menos).

Practica en contexto

1 [14] Escucha a estas dos personas y marca la información que se refiere a Marta, a Antonio o a los dos.

Expresar deseos

Para hablar de **deseos**, utilizamos el verbo *querer* + nombre/infinitivo:

- qu**ie**ro
- qu**ie**res
- qu**ie**re
- queremos
- queréis
- qu**ie**ren

El verbo *querer* es irregular.

*Marta **quiere** un viaje cultural y visitar museos.*

	Antonio	Marta
1. Tiene poco dinero.	☐	☐
2. Quiere ir a una ciudad.	☐	☐
3. Busca relax.	☐	☐
4. Quiere viajar en barco.	☐	☐
5. Quiere un viaje cultural.	☐	☐
6. Tiene muchos días de vacaciones.	☐	☐
7. Quiere conocer una cultura diferente.	☐	☐
8. Busca naturaleza.	☐	☐
9. Tiene pocos días de vacaciones.	☐	☐

1.1 **En parejas** Lee la información de estas tres ofertas y decide cuál es el viaje ideal para Marta y cuál para Antonio y por qué. Puedes buscar en el diccionario las palabras que no entiendes.

Ejemplo: *El viaje ideal para Marta es... porque...*

OFERTA 1

Altiplano guatemalteco con Tikal y Antigua (Circuito de 9 días)

desde 1400 €

Si buscas historia y el encanto de las antiguas civilizaciones, las ciudades coloniales y los mercados autóctonos, no te pierdas este itinerario por Guatemala.

Ruinas mayas, arquitectura colonial, selva, volcanes, baños termales... Todo esto y mucho más te espera en el corazón de América.

Programa del viaje

Día 1 Vuelo de España a Ciudad de Guatemala.

Día 2 Estancia en Ciudad de Guatemala. Viaje a Chichicastenango y visita al mercado. Viaje al lago Atitlán.

Día 3 Lago Atitlán: paseo en barco, visita a Santiago Atitlán y vuelta a Ciudad de Guatemala.

Día 4 Día libre en Ciudad de Guatemala. Visita a las ruinas de Tikal y noche en Petén.

Día 5 Viaje a Antigua.

Días 6 y 7 Días libres en Antigua.

Día 8 Viaje de Antigua a Ciudad de Guatemala y traslado al aeropuerto.

Día 9 Llegada a España.

OFERTA 2

Descubre el mejor CARIBE

desde 790 €

La esencia del Caribe en la República Dominicana

Conoce la cultura dominicana y su deliciosa gastronomía. Disfruta del color de las espectaculares playas de Punta Cana, los arrecifes de coral en isla Saona, la naturaleza del parque nacional de Cotubanamá. Visita la ciudad colonial de Santo Domingo, declarada Patrimonio de la Humanidad por la Unesco.

El precio incluye:

- Billete directo de ida y vuelta en clase turista.
- Seguro de viaje.
- Traslados en autobús.
- 7 noches de hotel con todo incluido.*
- Solo se acepta una maleta grande (23 kg).

*Precios por persona en habitación doble para los hoteles Pájaro Resort y M&J Hoteles.

OFERTA 3

MI BUENOS AIRES QUERIDO

¿Quieres visitar el colorido barrio de La Boca, las tiendas de San Telmo, las diferentes zonas de Palermo y el cementerio de la Recoleta? ¿Quieres hacer una excursión en barco por el río Tigre o disfrutar de un espectáculo de tango?

Tu destino es, sin duda, Buenos Aires.

(Circuito de 7 días)

desde 1200 €

El precio incluye:

- Vuelos.
- Guía turístico.
- Traslados.
- Seguro de viaje.
- Visitas/excursiones.*
- 6 noches en hotel de 4 estrellas con todo incluido.**

* Espectáculos no incluidos en el precio.
** Precio por persona en habitación individual/doble.

RAE

LÉXICO

Español de España › maleta : *¡Hijo!, ¿dónde vas con esa **maleta**?*
Español de América › valija : *Las chicas se van con las **valijas** llenas de ilusiones.*

Español de España › billete : *Quiero un **billete** de primera para el primer vuelo.*
Español de América › boleto/pasaje : *Solo puedes ir en los taxis autorizados y tienes que comprar el **boleto**. Claro que te voy a ayudar. Conseguiremos un **pasaje**. ¿Cuánto cuesta?*

1.2 **En parejas** ¿Cuál de los tres destinos prefieres para ti? ¿Por qué?

1.3 **Todo el grupo** ¿Cuáles son los destinos más turísticos de tu país? ¿Qué buscan normalmente los turistas que lo visitan? Cuéntaselo a tus compañeros.

¿Por qué...? se usa para **preguntar** por la causa y *porque* para **responder**:

▶ *¿Por qué prefieres viajar en avión?*
▷ *Porque es más seguro.*

2 **En parejas** Lee la información de la web del hotel Quetzal de Antigua (Guatemala) y marca las afirmaciones correctas. Luego compara con tu compañero/a.

Hotel Quetzal Antigua (Guatemala)

8.5 ★★★☆ **Fantástico**

El hotel está situado en el centro histórico de Antigua. Las habitaciones tienen ventilador y TV y vistas al patio central o a la ciudad. A solo cinco minutos a pie hay cafeterías y restaurantes. El establecimiento también tiene servicios de enlace con el aeropuerto y otros lugares de interés (pagando un suplemento). El centro de la ciudad y la plaza principal están a siete minutos a pie. Aceptamos tarjetas de crédito. Hablamos español e inglés.

Servicios:

Todas las habitaciones incluyen:
- Baño privado
- Ventilador
- TV
- Minibar

Opiniones:

Richi94 El hotel es muy céntrico. No es muy grande y no hay aire acondicionado en las habitaciones, pero la atención es muy buena.
Lo mejor: la atención. Lo peor: no hay restaurante.

Samanta0925 El hotel no es muy grande, pero es muy cómodo y acogedor. Cerca del hotel hay de todo: bares, restaurantes, supermercados... Además, está muy cerca de la estación de autobuses.
Lo mejor: la localización. Lo peor: no puedes desayunar en el hotel.

Edgar R La atención es muy buena y hay wifi gratis. Detrás del hotel hay una cafetería muy barata para desayunar.
Lo mejor: es muy barato. Lo peor: no hay aire acondicionado.

Valorar

Cuando valoramos el aspecto más positivo o más negativo de algo o alguien, se usa ***lo mejor*** y ***lo peor***:

Lo mejor del hotel es la atención y lo peor es que no hay restaurante.

1. ☐ Desde algunas habitaciones se ve la ciudad.
2. ☐ En el restaurante del hotel puedes desayunar.
3. ☐ Hay una estación de autobuses cerca del hotel.
4. ☐ En las habitaciones hay aire acondicionado y ventilador.
5. ☐ En el hotel hay aparcamiento.
6. ☐ El hotel está lejos del centro.
7. ☐ Las habitaciones tienen televisión.
8. ☐ El hotel es pequeño.

Pedir/dar información para ir a un lugar
- Perdón/Por favor, ¿cómo puedo/podemos ir a...?
- ***Puede(s)/Pueden*** + ***tomar/coger/ir en*** + medio de transporte
  - ▶ *¿Cómo podemos ir a plaza Central?*
  - ▷ *Pueden coger el metro o ir en el autobús número 3.*

Preguntar/decir el precio

Usamos el verbo ***costar***:
- ▶ *¿Cuánto cuesta la excursión?*
- ▷ *Cuesta 20 €.*

3 [15] Juan y Ana están en Antigua, en el hotel Quetzal. Escucha la conversación con el recepcionista y completa la información de la tabla.

Pueden visitar...	Pueden ir...	¿Está lejos?	¿Cuánto cuesta?
el centro histórico			
el cerro de la Cruz			
el volcán de Agua			
las plantaciones de café			

RAE **LÉXICO**
Español de España › coger : *Tú coges poco el metro...*
Español de América › tomar/agarrar : *Sale corriendo y toma el autobús...*

4 [16] Juan y Ana van a visitar la iglesia de la Merced. Señala en el plano de Antigua el recorrido, según las indicaciones.

Pedir/dar información espacial

- Perdón/Por favor, **¿dónde está/están...?**
- (Mira/Mire),
  - **gira/gire** a la derecha/izquierda... en...
  - **cruza/cruce** la calle...
  - **sigue/siga** todo recto por esta/la calle... hasta...
  - **allí/allá está/están...**

▶ *Por favor, **¿dónde está** la oficina de información?*

▷ ***Mira, sigue todo recto** hasta la segunda calle, **gira** a la derecha y **cruza** la calle. **Allí está** la oficina de información.*

En español, para expresar cercanía o lejanía, se utilizan estos adverbios:

- **aquí** (más cerca del hablante)
- **ahí** (distancia intermedia)
- **allí** (más lejos del hablante)

En Hispanoamérica se prefieren las formas ***acá*** y ***allá***, en lugar de ***aquí*** y ***allí***.

RAE **LÉXICO**

Español de España › manzana :

*Sí, está justo a dos **manzanas**.*

Español de América › cuadra :

*Camina de una esquina a otra de la **cuadra**.*

4.1 **En parejas** Pide indicaciones a tu compañero/a para llegar a los siguientes lugares. Después marca con una línea el recorrido en el plano de la actividad anterior.

Estás en...	**Quieres ir a...**
las ruinas de Capuchinas.	la catedral.
la plaza Central.	las ruinas de Santa Clara.
las ruinas de Santa Catalina.	la iglesia de la Merced.
las ruinas de la Recolección.	el ayuntamiento.

- Las formas ***mira, gira, cruza*** y ***sigue*** son informales: se usan con ***tú***.
- ***Mire, gire, cruce*** y ***siga*** son formales: se usan con ***usted***.

Las ruinas de la Recolección

5 **En parejas** Busca un plano de la ciudad en la que estudias español y pregúntale a tu compañero/a cómo puedes ir a algún lugar de tu interés.

México lindo y bonito

1 **En parejas** En la revista *Viajeros* encontramos este artículo sobre Ciudad de México. Léelo y completa la ficha.

¿Qué visitar?

Centro histórico. La plaza de la Constitución –el Zócalo–, la Catedral Metropolitana, el Palacio Nacional y la basílica de Guadalupe. A unas cuadras está la plaza Garibaldi, donde se puede comer y escuchar música de mariachis.

Basílica de Guadalupe

Plaza de Garibaldi

¿Qué comer?

La gastronomía mexicana es rica en sabores. Hay restaurantes tradicionales para probar la comida típica y cotidiana. El maíz, los frijoles, el arroz y los chiles son los alimentos básicos y nunca pueden faltar en una mesa las tortillas, las quesadillas, los moles o los tacos.

Quesadillas

Recuerda:
Observar las imágenes ayuda a comprender el texto.

La **plaza de la Constitución**, informalmente conocida como *el Zócalo*, es la plaza principal de Ciudad de México. En ella se encuentra la Catedral Metropolitana de la Asunción de María de México (Patrimonio de la Humanidad desde 1987).

¿Cómo trasladarse?

Taxis. Los taxis autorizados tienen tarifas fijas. Se recomienda comprar el boleto en los puestos oficiales.

Metro. El boleto cuesta 5 pesos mexicanos.

Camiones. El boleto cuesta 5 pesos para una distancia de hasta 5 kilómetros y 6 pesos para más de 5 kilómetros.

Ciclotaxis. Para una o dos personas. Los ciclotaxis son muy cómodos y no demasiado caros: un viaje cuesta entre 20 y 30 pesos.

Bicibuses. Pueden ir hasta 11 personas y... ¡son gratuitos!

No te lo puedes perder

La Casa Azul, en el distrito de Coyoacán, a solo 11 km del centro de Ciudad de México, donde está el Museo Frida Kahlo, reconocida pintora mexicana.

Las pirámides de Teotihuacán, a 78 kilómetros al noreste de la capital mexicana. Son Patrimonio de la Humanidad.

Mundo Chocolate (MUCHO), un museo dedicado al chocolate. Un placer para los cinco sentidos. Hay talleres para dos adultos y dos niños por 180 pesos.

Teotihuacán

Casa Azul

¡Te encantará!

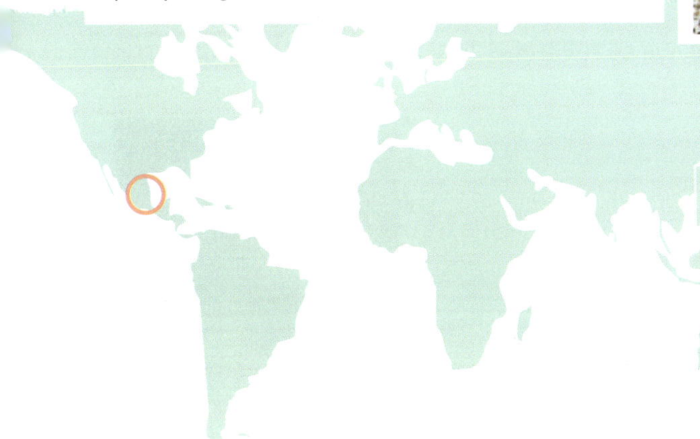

Ficha

Monumentos para visitar en el centro histórico: ....

Lugares de interés fuera del centro histórico: ....

Comidas típicas: ....

Medios de transporte y precio: ....

Días de fiesta

Antes del vídeo

1 **En parejas** Mira las siguientes fotografías. ¿Conoces estos lugares? Relaciona las imágenes con los puntos señalados en el mapa.

1 ☐

2 ☐

3 ☐

4 ☐

1.1 **En grupos pequeños** ¿Cuál de estos lugares prefieres para pasar unos días? ¿Por qué?

Ejemplo: *Yo prefiero ir a Cádiz, porque tiene playa y puedes tomar el sol.*

1.2 **En grupos pequeños** Ya conoces a los cuatro huéspedes del hostal Babel. ¿A cuál de estos lugares crees que va a viajar cada uno? ¿Por qué?

Durante el vídeo

2 Visiona el fragmento 00:30 ▶ 02:04 y marca las frases que se refieren a Tere o a Hugo.

☐	Va a Cádiz.	☐
☐	Viaja a Barcelona.	☐
☐	Va con unas amigas.	☐
☐	Tiene una reserva para alojarse en un albergue.	☐
☐	Ya tiene los billetes (boletos) de avión.	☐
☐	Va en furgoneta.	☐
☐	Quiere dormir poco.	☐

2.1 Visiona el fragmento 02:04 ▶ 02:26 y completa la información que falta.

1. Del aeropuerto de Barcelona al centro de la ciudad se puede ir en ...., en .... y en ....
2. La línea de metro que conecta el aeropuerto y el centro de Barcelona es la línea ....
3. El autobús que va al centro pasa cada .... minutos y cuesta .... euros.

> Fíjate:
> ¿Cómo llama Carla al dinero? ....

3 Ahora visiona el fragmento 02:36 ▶ 04:52 y marca las frases que se refieren a Leo o a Carla.

Leo		Carla
☐	Viaja a Londres.	☐
☐	Va a Cudillero.	☐
☐	Va en avión.	☐
☐	Viaja con un grupo de compañeros de la maestría.	☐
☐	Prefiere viajar con comodidades.	☐
☐	Quiere hacer una reservación en un hotel de lujo.	☐
☐	Los billetes cuestan 35 €.	☐

4 En el último fragmento (04:52 ▶ final) Bea cuenta qué va a hacer durante el puente. ¿A dónde va a ir? ¿Qué va a hacer? Explica si te parece un buen plan o no y por qué.

....

....

....

....

> Fíjate:
> ¿Cómo llama Carla a la furgoneta?
> ....

Después del vídeo

5 **Todo el grupo** Fíjate en el gesto que hace Carla para referirse al sur de España. ¿Cómo crees que se indican los demás puntos cardinales? ¿Qué gestos haces tú para indicar los cuatro puntos cardinales?

> Fíjate:
> Para localizar lugares usando los puntos cardinales, se usa *está en el/al norte/sur/este/oeste*:
> *Cudillero está **en el norte** de España.*
> *Cádiz está **al sur** de España.*

6 **Todo el grupo** ¿Dónde quieres viajar las próximas vacaciones? ¿En qué medio de transporte? ¿Dónde quieres alojarte? ¿Qué quieres hacer en ese lugar? Cuéntaselo a la clase.

Evaluación

1 Relaciona las palabras de las dos columnas.

1. todo	a. wifi	1. ....
2. habitación	b. al aeropuerto	2. ....
3. hotel	c. de viaje	3. ....
4. vuelo	d. por cable	4. ....
5. seguro	e. incluido	5. ....
6. pagar	f. individual/doble	6. ....
7. TV	g. de 4 estrellas	7. ....
8. conexión	h. de ida y vuelta	8. ....
9. traslado	i. con tarjeta	9. ....

2 ¿Qué expresan las preposiciones de las siguientes frases?

dirección | medio de transporte | distancia | tiempo | localización | destino

1. Prefiero viajar **en** autobús porque es más barato. ....
2. El hotel está **a** 5 minutos. ....
3. Día 4: Visita **al** centro histórico de la ciudad. ....
4. La isla Saona está **en** el parque nacional de Cotubanamá. ....
5. El aeropuerto está **a** 20 kilómetros del hotel. ....
6. Yo quiero viajar **a** Buenos Aires porque es una ciudad muy interesante. ....

3 Une los elementos de las dos columnas para formar expresiones.

	un museo.	1. ....
	a la montaña.	2. ....
	una excursión.	3. ....
Ir	a un espectáculo.	4. ....
Visitar	un parque natural.	5. ....
Ver	monumentos.	6. ....
Hacer	a un mercado de artesanía.	7. ....
Tomar	animales.	8. ....
	a la playa.	9. ....
	submarinismo.	10. ....
	surf.	11. ....
	el sol.	12. ....

4 Combina los adjetivos con los siguientes nombres. Puede haber más de una posibilidad.

práctico | agradable | barato | lento | cómodo
pequeño | rápido | económico | bonito | seguro | caro | grande

- restaurante ....
- hotel ....
- medio de transporte ....

5 Escribe un comentario de un hotel en la web contando tu experiencia. Utiliza la información que te damos.

- Ubicación: a 5 minutos del centro.
- Categoría: ***
- Características: moderno, céntrico, económico.
- Alrededores: bares, restaurantes, banco, supermercado.
- Servicios: TV, wifi, aparcamiento, cafetería, aire acondicionado, recepción 12 horas.

infoHotel

El hotel está ....

Es ....

Cerca del hotel hay ....

El hotel tiene ....

En todas las habitaciones hay ....

Lo mejor: ....

Lo peor: ....

6 Mira el recorrido en el plano del centro histórico de Ciudad de México y completa el diálogo.

▶ Perdón, ¿cómo puedo ir a la plaza Garibaldi? ¿Está muy lejos?

▷ No, no, se puede ir caminando. Está a unos 20 minutos de acá, del Zócalo. Mire, [1] .... por la calle República de Brasil hasta la calle Tacuba. Es muy fácil: a la derecha está la catedral. Allá [2] .... y después [3] .... hasta la calle Lázaro Cárdenas. Allá [4] .... y [5] .... cinco cuadras. La plaza está a la derecha.

▶ Muchas gracias.

▷ De nada.

7 Contesta a las siguientes preguntas sobre México.

1. ¿En qué ciudad está la basílica de Guadalupe? ....
2. ¿Qué podemos hacer en la plaza Garibaldi? ....
3. ¿Cuáles son los alimentos básicos de la comida mexicana? ....
4. ¿Cuánto cuesta viajar en bicibús? ....
5. ¿Qué otros lugares de interés hay cerca de Ciudad de México? ....
6. ¿A qué está dedicado el museo MUCHO? ....

8 Piensa en los contenidos de esta unidad y puntúa de 1 a 5 tu nivel de aprendizaje.

Ahora puedo...

dar y comprender información sobre medios de transporte.	1 2 3 4 5
dar y comprender información sobre la ubicación de lugares.	1 2 3 4 5
hablar de viajes y hoteles.	1 2 3 4 5
hablar de algunos lugares turísticos de México y Guatemala.	1 2 3 4 5

Unidad

4

En familia

¿Cuántos miembros tiene esta familia? ¿Y tu familia?

¿Cómo van vestidos?

¿Están alegres o tristes?

¿Cómo crees que es el abuelo de la familia?

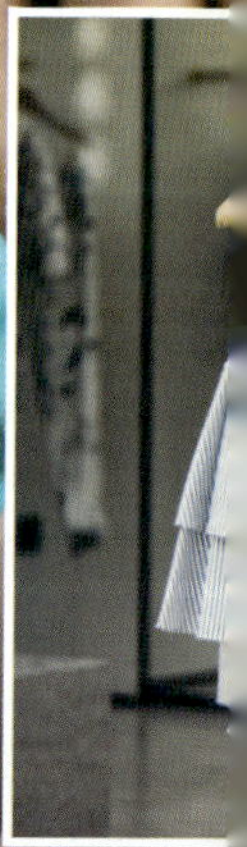

En esta unidad vas a...

- Hablar de la familia
- Hablar de acciones cotidianas relacionadas con la familia
- Describir personas: descripción física y de carácter
- Describir la ropa
- Expresar posesión y pertenencia
- Hablar de las acciones que se están realizando
- Conocer a diseñadores de moda del mundo hispano

¿Qué sabes?

1 **En parejas** ¿Conoces a estos famosos? Di su nombre y a qué se dedican. Todos ellos tienen en común que uno de sus familiares es también famoso. ¿Sabes quién es y qué hace? Con tu compañero/a, busca en internet esta información.

1.1 **Todo el grupo** ¿Hay alguna familia famosa en tu país? ¿Sabes a qué se dedican sus miembros?

2 **En parejas** ¿Cómo crees que son estas personas? Ponte de acuerdo con tu compañero/a. Puedes usar el diccionario si no conoces alguna palabra.

alegre | serio/a | sociable | divertido/a | abierto/a | clásico/a | trabajador/a | moderno/a

1

2

3

4

5

6

Ejemplo: *Yo creo que el chico de la foto 1 es...*

2.1 **En grupos pequeños** Y tú, ¿cómo eres?

3 **En parejas** ¿Cómo crees que es el estilo de vestir de las personas anteriores? ¿Moderno, informal, elegante, *fashion*, clásico, deportivo, alegre...?

3.1 **Todo el grupo** Y tú, ¿cómo te vistes normalmente? ¿Con qué foto o fotos te identificas más?

Palabras

1 Lee la descripción de la familia de Esteban y completa las frases.

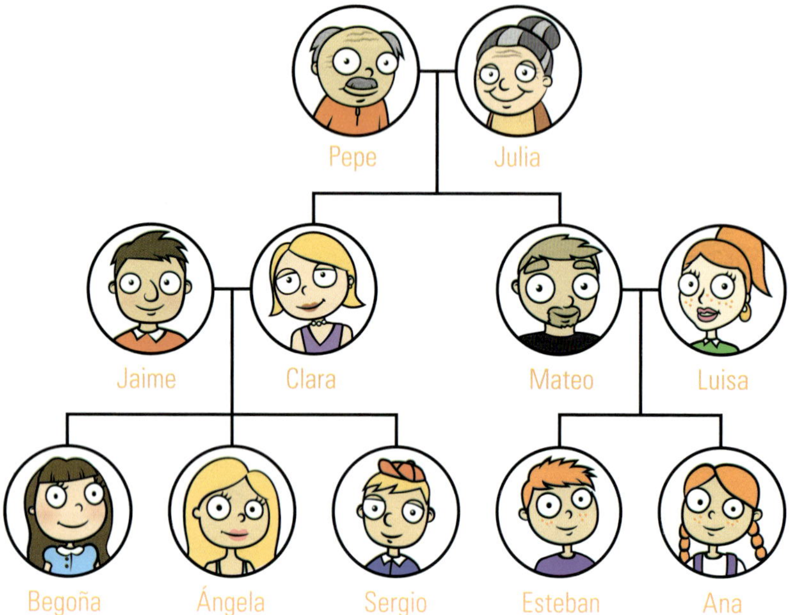

Esta es mi familia.

Mi **padre** se llama Mateo y mi **madre**, Luisa. Tengo una **hermana menor** que se llama Ana.

Mi padre tiene una **hermana mayor**, mi **tía** Clara, que **está casada con** Jaime, mi **tío**. Jaime y Clara tienen tres **hijos**: dos **hijas** y un **hijo**; son mi **prima** Begoña, su **hermana menor** Ángela y su **hermano menor** Sergio. Mis **padres**, mis **tíos**, mis **primos**, mi hermana y yo vamos muchas veces a comer a casa de mis **abuelos**, Julia y Pepe, que se ponen muy contentos cuando ven a sus cinco **nietos**.

Fíjate:

- padre + madre › **padres**
- hermano + hermana › **hermanos**
- tío + tía › **tíos**
- abuelo + abuela › **abuelos**

1. La mujer de Jaime se llama ....
2. Los sobrinos de Mateo y Luisa se llaman ...., ... y ....
3. El marido de Luisa se llama ....
4. Mateo está casado con ....
5. .... es la abuela de Esteban, Ana, Begoña, Ángela y Sergio.

1.1 **Todo el grupo** ¿Cómo es tu familia? Preséntasela a la clase.

2 **En parejas** Relaciona cada descripción con su fotografía correspondiente. Compara la descripción con la imagen y localiza el error que hay. Luego comprueba con tu compañero/a. ¿Coincidís?

1. ☐ Estos son mi hermana Claudia y su pareja Daniel. Claudia es alta y delgada. Tiene el pelo moreno y los ojos marrones. Daniel es castaño y tiene los ojos oscuros. Los dos son muy simpáticos.
2. ☐ Estos son mis abuelos. Mi abuelo tiene el pelo blanco y lleva barba y bigote. Mi abuela tiene el pelo corto y es delgada. Los dos son muy serios y activos. ¡Siempre están haciendo cosas!
3. ☐ Esta es mi prima Eva. Eva tiene el pelo rizado y rubio y tiene los ojos azules. Es muy inteligente. En la foto está seria porque es un poco tímida.

2.1 Clasifica las frases resaltadas según se refieran al aspecto físico o al carácter.

3 [17] Mira las ofertas de ropa de tuarmario.com y escucha la conversación. ¿Qué ropa quiere comprar Luis? ¿Y Maite?

tuarmario.com

Mujer
Pantalones vaqueros
15 € ~~39.99 €~~ -40 %

Mujer
Jersey de lana rojo
45 €

Hombre
Abrigo negro
145 €

Hombre
Camisa de manga larga de diferentes colores
35 € ENVÍO 48 h

Niño
Camiseta de diferentes colores (blanca, azul, roja, amarilla y naranja)
12 € ENVÍO 48 h

Hombre
Pantalones cortos de diferentes colores
29.99 €

Mujer
Falda corta de rayas de algodón
25 € ENVÍO 48 h

Mujer
Bolsos de cuero
desde 29.99 €

Mujer
Zapatos verdes de tacón
75 €

Niño
Zapatillas de diferentes modelos y colores
desde 14.99 €

Hombre
Zapatos marrones de piel
120 €

Estos son los nombres en español de los tejidos más comunes:

algodón

lana

piel/cuero

seda

RAE LÉXICO

Español de España
- zapatillas deportivas/de deporte : *Observé que seguía calzado con las mismas **zapatillas deportivas**.*
- abrigo : *Se puso el **abrigo** para salir a llevar la carta.*
- camiseta : *Sabemos que viste unos pantalones cortos y una **camiseta** azul.*
- falda : *Llevaba una **falda** negra y una hermosa blusa de seda blanca.*

Español de América
- tenis : *Los dos iban de* blue jeans *y **tenis**, parecían turistas.*
- tapado (tapadito) : *Caridad Canelón iba por la calle con un **tapado** corto de piel de conejo.*
- remera : *Para bailar uso el mismo* jeans *con una **remera** más llamativa.*
- pollera : *La miré –ojos marrones, pelo castaño, blusa verde, **pollera** negra...*

3.1 **Todo el grupo** ¿Qué ropa llevas tú normalmente cuando vas a estos lugares?

al trabajo | al gimnasio | a cenar a un restaurante | a la universidad/escuela | a una fiesta

Ejemplo: Cuando voy al trabajo llevo...

Gramática

RAE

GRAMÁTICA

La forma ***vos*** se utiliza en distintas partes de Hispanoamérica, pero su uso está extendido sobre todo en Argentina, Uruguay y Paraguay › vos hablás, aprendés, escribís:

*Dicen que una vez que **aprendés** a andar en bicicleta, nunca más se te olvida.*

*Hablé con Mariano, me dio el nombre de un colega suyo. Si **querés**, **escribís** el número de teléfono y el nombre. Ya él conoce tu problema.*

*Pero, a pesar de eso, **hablás** y **narrás** tus cuentos.*

1 Presente de indicativo regular: verbos terminados en *-ar*, *-er*, *-ir*

- En español existen tres conjugaciones *(-ar, -er, -ir)* y tienen las siguientes terminaciones en presente de indicativo:

	Hablar	Aprender	Escribir
yo	hablo	aprendo	escribo
tú	hablas	aprendes	escribes
él, ella, usted	habla	aprende	escribe
nosotros/as	hablamos	aprendemos	escribimos
vosotros/as	habláis	aprendéis	escribís
ellos, ellas, ustedes	hablan	aprenden	escriben

- El presente de indicativo se usa para expresar **acciones habituales** o **acciones** que se realizan en el tiempo **presente**:

*Los fines de semana mis hermanos y yo **paseamos** por la playa.*
*Normalmente **trabajo** de 8 a 17 h.*
***Estudio** Económicas en la Universidad de Salamanca.*

1.1 Conjuga los siguientes verbos en la persona indicada.

1. llevar (ustedes) ....
2. cenar (tú) ....
3. cocinar (vosotros) ....
4. comprar (él) ....
5. leer (ella) ....
6. comer (ellos) ....
7. beber (vosotros) ....
8. correr (tú) ....
9. vivir (vos) ....
10. abrir (yo) ....
11. escribir (usted) ....
12. subir (nosotros) ....

2 Hablar de acciones que están en proceso

- Para hablar de acciones que **se están desarrollando** en este momento se usa la estructura *estar* + gerundio.
- Para formar el gerundio se sustituye la terminación del infinitivo por estas terminaciones:
  – verbos en *-ar* › *-ando*
  – verbos en *-er*, *-ir* › *-iendo*

¡Hola! En este momento estoy cocinando.

estoy
estás
está
estamos
estáis
están

\+ cocinando
aprendiendo
escribiendo

Fíjate: Algunos gerundios irregulares comunes son:

- dormir › durmiendo
- leer › leyendo
- pedir › pidiendo
- vestir › vistiendo
- ir › yendo
- morir › muriendo
- decir › diciendo
- oír › oyendo

2.1 ¿Qué están haciendo estas personas?

Subir las escaleras. | Jugar a la pelota. | Beber agua.

1 

2 

3 

3 Adjetivos y pronombres demostrativos

Los demostrativos sirven para indicar **la distancia** entre los interlocutores y el objeto o persona a los que se refieren. Pueden utilizarse como adjetivos (si acompañan al nombre) o como pronombres (si van solos):

	Masc. singular	Fem. singular	Masc. plural	Fem. plural
Aquí	este	esta	estos	estas
Ahí	ese	esa	esos	esas
Allí	aquel	aquella	aquellos	aquellas

(+ nombre)

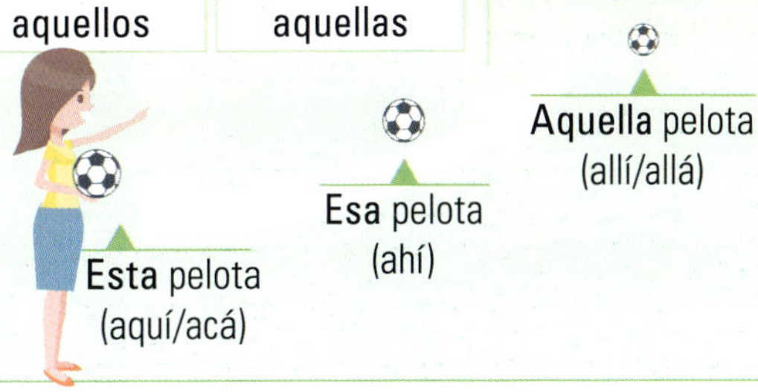

Es frecuente utilizar las manos para señalar el objeto del que estamos hablando, reforzando así la idea de cercanía o lejanía.

3.1 Completa con el demostrativo adecuado teniendo en cuenta la distancia que se indica.

1. ▶ ¿Te gustan .... pantalones? (Ahí)
   ▷ No, prefiero comprar .... Son más bonitos. (Allí)
2. Quiero .... falda roja. (Aquí)
3. Necesito unas zapatillas para hacer deporte. ¡.................... son perfectas! (Aquí)
4. ¡.................... bolso de piel es muy bonito! (Allí)
5. ¿Cuánto cuesta .... abrigo rojo de ahí?

4 Adjetivos posesivos

- Los posesivos indican **de quién** es un objeto o la relación de **parentesco** entre las personas:

	Singular	Plural	
Un poseedor	mi tu su	mis tus sus	(yo) (tú) (él, ella, usted)
Varios poseedores	nuestro/a vuestro/a su	nuestros/as vuestros/as sus	(nosotros/as) (vosotros/as) (ellos, ellas, ustedes)

- El posesivo concuerda en género y número con la persona o cosa poseída:

  *Ella lleva **nuestros libros** en una bolsa.*

  *Estos son **mis padres**.*

- El posesivo ***su*** puede referirse a uno o a varios poseedores:

  *Voy a **su casa**.* (Puede ser la casa *de él, de ella, de ellos, de ellas, de usted* o *de ustedes*)

4.1 Completa el diálogo con el posesivo adecuado.

▶ Tus hermanas están casadas, ¿no?
▷ [1] .... hermana Eva no está casada, pero Luisa sí. [2] .... marido es de Canadá y tienen dos hijos de 4 y 5 años. Son muy guapos.
▶ ¿Y en qué lengua hablan con [3] .... hijos?
▷ En inglés y en español.
▶ ¡Qué suerte tienen [4] .... sobrinos! Yo tengo 35 años y hablo muy mal inglés…

Practica en contexto

Describir el físico

- **Es** alto/a, bajo/a, gordo/a, delgado/a, guapo/a, feo/a…
- **Tiene** los ojos verdes, negros, marrones, oscuros…
- **Tiene** el pelo rubio, moreno, blanco, castaño, negro, largo, corto, liso, rizado…
- **Tiene/lleva** barba, bigote…

Describir la ropa y los complementos

- **Llevar** + prenda de ropa o complemento
  Lleva unos pantalones vaqueros y una camiseta roja.
  ¿Llevas gafas?
- Estos son algunos **colores** que puedes usar:

● negro/a	● gris	● rosa
● blanco/a	● azul	● marrón
● rojo/a	● verde	● amarillo/a

1 **En parejas** ¿Quién es quién en esta reunión familiar? Lee las descripciones y escribe el nombre de cada miembro de la familia.

LUCAS
Es el hermano mayor de Patricia. Está hablando con su prima Eva, la hija del tío Juan, una chica morena, alta y muy guapa que lleva una falda vaquera azul y una camisa blanca.

ANA
Es la hermana menor de Patricia. Lleva una falda roja y una camiseta blanca. A la izquierda está el tío Juan, el hermano mayor de su padre, que está bebiendo agua al lado del ventilador porque tiene mucho calor.

JOSÉ LUIS Y ARANTXA
Son los padres de Patricia. Están comiendo unos canapés cerca del mueble. Su padre es alto, moreno y tiene bigote, y su madre es morena y un poco bajita. José Luis lleva un traje gris y Arantxa un vestido negro. Cerca de ellos están los abuelos de Patricia, Antonio y Pepa, que también están comiendo unos canapés. Su abuelo tiene el pelo blanco y lleva bigote. Su abuela tiene también el pelo blanco y lleva gafas.

M.ª LUISA
Es su tía, la mujer de su tío Juan. Es una mujer muy elegante que lleva un vestido verde. Está jugando con su nieto, Alfonso, que tiene 3 años. Detrás está Javi, el marido de Eva. Es alto, rubio y lleva unos vaqueros y una camiseta amarilla. Está hablando con Patricia sobre su hijo.

RAE **LÉXICO**
Español de España › vaquero(s):
*Solía vestirse con pantalones **vaqueros** y chaquetas muy elegantes.*
Español de América › *jean(s)*, bluyín (bluyines):
*Malena cambió la minifalda por **bluyines**.*

1.1 **En parejas** Ahora completa el árbol genealógico de Patricia.

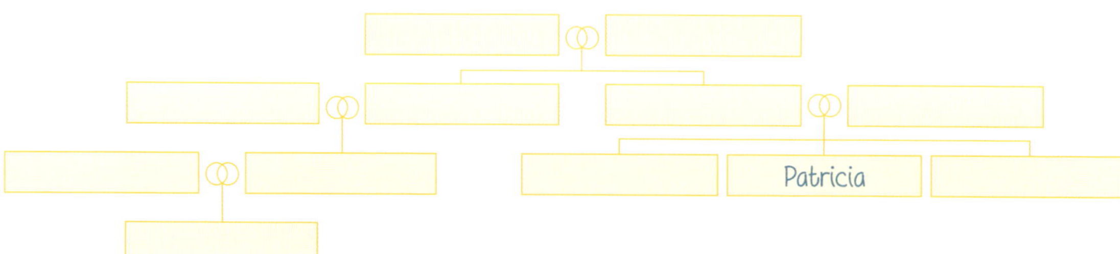

2 [18] Escucha las conversaciones y relaciona las descripciones con las fotos.

2.1 [18] Vuelve a escuchar el audio y marca en el cuadro los adjetivos de carácter con los que se describe a estas personas. Luego compara con tu compañero/a.

	Ernesto es...	Juan es...	Julia es...	Claudia es...
simpático/a				
sociable				
divertido/a				
trabajador/a				
tímido/a				
alegre				
inteligente				

Describir el carácter

Para describir el carácter de las personas utilizamos el verbo ***ser*** y un adjetivo de carácter:

- Es...
  - alegre ≠ serio/a
  - simpático/a ≠ antipático/a
  - sociable ≠ tímido/a
  - trabajador/a ≠ vago/a
  - inteligente ≠ torpe...

Marta es un poco tímida pero muy trabajadora.

2.2 **Todo el grupo** Busca una foto de algún familiar o amigo y después cuenta a la clase cómo se llama esa persona, cómo es físicamente, cómo es su carácter y qué está haciendo en la foto.

Esta es una foto de mi/mis...

- Cuando describimos una característica negativa del físico o del carácter, lo podemos suavizar añadiendo ***un poco*** o con las terminaciones *-ito/a/os/as*:

  *Mi hermana es **un poco** seria.*

  *Mi padre es fe**ít**o pero muy simpático.*

- El adjetivo ***gordo/a*** tiene un sentido muy negativo en la actualidad, por eso se usan otras expresiones como ***tener sobrepeso, tener algunos kilos de más***...:

  Ese chico tiene sobrepeso. Debe ir al gimnasio.

3 **En parejas** Vas a leer un texto de la fundación Humana. Antes de leerlo, relaciona las palabras con las imágenes y construye una frase para explicar a qué crees que se dedica esta fundación. Luego compara con tu compañero/a.

1. Comprar ropa de segunda mano. | **2.** Hacer un donativo. | **3.** Donar ropa y zapatos.
4. Protección del medioambiente. | **5.** Cooperación al desarrollo.

A ☐

B ☐

C ☐

D ☐

E ☐

3.1 Lee la información de la web de Humana y comprueba tu respuesta anterior.

www.humana-spain.org

HUMANA

¿Quiénes somos?

Humana es una fundación que promueve desde 1987 la protección del medioambiente y la cooperación al desarrollo gracias a la reutilización de la ropa.

¿Qué hacemos?

Proteger el medioambiente y desarrollar proyectos de cooperación en diferentes países de África, Sudamérica y Asia. También queremos fomentar la educación y la sensibilización sobre estos temas en los países desarrollados.

¿Qué puedes hacer tú?

Puedes donar la ropa y los zapatos que no utilizas en nuestros 5000 contenedores o en una de nuestras 44 tiendas de Barcelona, Madrid, Sevilla y Granada.

En las tiendas Humana puedes comprar ropa de segunda mano original, de calidad y muy barata, que no hay en otras tiendas. Es una moda sostenible y solidaria. Además, en las tiendas de Humana puedes conocer nuestros proyectos de cooperación.

También puedes **colaborar con nosotros como socio**, **hacer un donativo** o **participar en nuestros proyectos**.

3.2 **En grupos pequeños** Piensa en la ropa que no te pones y que puedes donar a Humana. Descríbela. Después haz una lista y ponla en común con tus compañeros. ¿Cuánta ropa hay? ¿Para quién puede ser útil?

3.3 **Todo el grupo** ¿Participas en alguna asociación o proyecto de este tipo? ¿Cómo? Explica a tus compañeros el proyecto y los objetivos que tiene.

Cruz Roja Española

Cáritas

UNHCR ACNUR
La Agencia de la ONU para los Refugiados

4 [19] Escucha esta conversación entre Ana y Mónica, dos amigas que hablan de la familia, y responde a las preguntas sobre Ana.

1. ¿A quién ve con más frecuencia? A...
2. ¿Con quién toma café y habla? Con...
3. ¿Con quién come frecuentemente? ....
4. ¿Con quién cena en restaurantes? ....
5. ¿Con quién celebra la Navidad? ....
6. ¿Con quién va al parque? ....
7. ¿A quién lee cuentos? ....
8. ¿Con quién pasea por el parque los domingos? ....

Expresar frecuencia

+
- siempre
- normalmente
- a menudo
- con frecuencia
- a veces
- (casi) nunca

–

Fíjate:
Cuando una pregunta comienza con una preposición, se usa la misma preposición para responder:

▶ *¿Con quién celebras tu cumpleaños?*
▷ *Con mi familia y mis amigos.*

4.1 **En parejas** Haz el siguiente test a tu compañero/a y toma notas.

1. ¿A qué miembro/s de la familia ves con más frecuencia? ¿Por qué?
2. ¿Qué haces con tu familia normalmente?
3. ¿Visitas normalmente a tus tíos, primos o abuelos? ¿Cuándo? ¿Qué haces normalmente con ellos?
4. ¿Con quién celebras los cumpleaños? ¿Qué haces normalmente para celebrarlos?
5. ¿Con qué miembros de tu familia tienes buena relación? ¿Y con quién tienes mala relación?

Hablar de relaciones personales

- Tener (muy) buena/mala relación con...
- Tener mucha/(muy) poca relación con...

*Tengo muy **buena relación con** mi hermana, pero tengo **poca relación con** mis tíos porque viven muy lejos.*

4.2 **Todo el grupo** ¿Crees que tu compañero/a es una persona familiar? ¿Por qué? Justifica tu respuesta.

4.3 **Todo el grupo** ¿La familia en tu país es muy extensa? ¿La familia se ve con frecuencia? ¿En qué ocasiones?

DISEÑADORES de aquí y de allá

Michelle Obama durante el discurso de su marido, Barack Obama, en Chicago (vestido diseñado por Narciso Rodríguez)

Lady Gaga en una visita al Empire State Building (vestido de Carolina Herrera)

Renée Zellweger en Nueva York en el estreno de *Miss Potter* (vestido de Carolina Herrera y zapatos de Manolo Blahnik)

Narciso Rodríguez

Este diseñador de padres cubanos fue quien diseñó el vestido de Michelle Obama para la inauguración presidencial de 2008. También llevan sus diseños actrices como Salma Hayek, Sarah Jessica Parker, Rachel Weisz o Sônia Braga.

Carolina Herrera

Carolina Herrera, nacida en Venezuela, es la diseñadora hispana más reconocida mundialmente. Llevan sus diseños celebridades como Nicole Kidman, Jessica Alba, Angelina Jolie, Salma Hayek, Lucy Liu, Renée Zellweger y Lady Gaga, entre otras. Sus líneas de maquillaje y perfumes también son muy famosas.

Custo Dalmau

Custo Dalmau y su hermano David tienen su propia marca, Custo Barcelona, por la que son mundialmente conocidos. Sus camisetas, con un estilo diferente y colorido, son famosas por series de televisión como *Friends*. Las camisetas son su producto estrella, pero en la actualidad Custo Barcelona tiene también una línea completa de moda.

Zapato de Manolo Blahnik exhibido en el Museo Kampa de Praga en la exposición *Manolo Blahnik: The Art of Shoes*

Manolo Blahnik

Hijo de padre checo y de madre canaria, Manuel Blahnik Rodríguez, más conocido como Manolo Blahnik, es un diseñador de moda español. Es el fundador de una de las marcas de zapatos más prestigiosas del mundo.

Tienda de Custo Barcelona en la Diagonal (Barcelona)

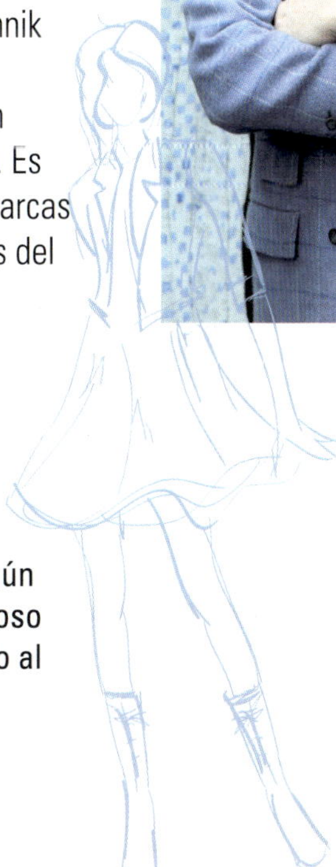

1 **Todo el grupo** ¿Hay algún diseñador de moda famoso en tu país? Preséntaselo al resto de la clase.

HOSTAL Babel

Navidad en Babel

Antes del vídeo

1 Es Navidad en Babel. Fíjate en la fotografía. ¿Qué están haciendo Carla y Leo?

1.1 ¿Cómo adornas tu casa en Navidad?

2 **En parejas** Ahora mira las siguientes fotografías y decide quién dice cada una de estas frases.

1. Yo estoy muy lejos de mi familia.
2. Es una fiesta muy especial.
3. Es mi primera Navidad lejos de mi país y de mi casa.
4. ¡Me encanta la Navidad!

Durante el vídeo

2.1 Comprueba tus respuestas de la actividad 2 visionando el primer fragmento (00:30 – 01:00).

> Fíjate:
> Hugo dice que va a "extrañar" a su hermana. ¿Sabes qué quiere decir?

3 Visiona el fragmento 01:00 – 01:52 y responde a las siguientes preguntas.

1. ¿Cuántos hermanos tiene Hugo?
2. ¿Quién es el hermano mayor?
3. ¿Cómo se llaman sus hermanos?
4. ¿Cuántos años tiene su hermana?
5. ¿Cómo es físicamente la hermana de Hugo?
6. ¿Y cómo es su carácter?

4 Ahora visiona el fragmento 01:53 – 04:22 para saber algo más de la gran familia de Hugo. Luego completa.

1. Rosario es su ......*madre*.......
2. Margarita es su ....
3. Luis es su ....
4. Gabriela es su ....
5. Eusebio es su ....
6. Alberto es su ....
7. Claudio es su ....
8. Laura es su ....

4.1 Hugo siempre se reúne con su familia en Navidad. Vuelve a visionar el fragmento 01:53 ▶ 04:22 y marca la información correspondiente a cada familiar.

	Su madre	Su tía	Su padre	Su hermano	Su primo	Su prima
Lleva una camiseta de cuadros.	☐	☐	☐	☐	☐	☐
Es gordita.	☐	☐	☐	☐	☐	☐
Tiene el pelo largo y rubio.	☐	☐	☐	☐	☐	☐
Es un poco serio.	☐	☐	☐	☐	☐	☐
Lleva corbata.	☐	☐	☐	☐	☐	☐
Es muy tímido.	☐	☐	☐	☐	☐	☐
Tiene el pelo corto.	☐	☐	☐	☐	☐	☐
Tiene bigote.	☐	☐	☐	☐	☐	☐
Tiene el pelo largo y negro.	☐	☐	☐	☐	☐	☐
Es simpática.	☐	☐	☐	☐	☐	☐
Lleva una camisa azul.	☐	☐	☐	☐	☐	☐
Tiene 46 años.	☐	☐	☐	☐	☐	☐

5 Carla está un poco triste porque está lejos de su familia. Visiona la última parte del vídeo (04:22 ▶ final) y escribe qué planes proponen y quién para animar a Carla.

1. .... juntos en el hostal.
2. .... platos típicos de México y Argentina.
3. .... de fiesta.
4. .... de compras.

Fíjate:
¿Cómo llama Hugo a los platos típicos de México? ....

Después del vídeo

6 **En grupos pequeños** Después de ver este episodio, ya conoces un poco mejor a los habitantes del hostal Babel. ¿Puedes describir cómo son? ¿Qué llevan hoy? Si es necesario, puedes volver a ver el vídeo. Luego compara tu descripción con la de tus compañeros.

7 **Todo el grupo** ¿Tú también celebras la Navidad? ¿Con qué familiares la celebras normalmente? ¿Dónde la celebras? ¿Qué ropa te pones?

Evaluación

1 Completita las frases.

1. La madre de tu padre es tu ....
2. El hermano de tu madre es tu ....
3. Los hijos de tus abuelos son tus .... o tus ....
4. Los hijos de tus tíos son tus ....
5. La mujer de tu tío es tu ....

2 Relaciona las palabras con los verbos.

el pelo rubio | alegre | feo | bigote | gafas | el pelo castaño | serio
los ojos verdes | barba | antipático | los ojos oscuros

- Es ....
- Tiene ....
- Lleva ....

3 Describe a las personas de las fotografías.

1

2 3

4 Completa las frases con el posesivo adecuado.

nuestra | mi | vuestros | mis | tus | nuestros | sus

1. ▶ ¿Estas son .... gafas?
   ▷ Sí, sí, son .... gafas. ¡Gracias!
2. ▶ ¿Sabes que las hermanas de Shakira son modelos?
   ▷ No, no, las modelos son .... primas.
3. ▶ Oye, Carmen, ¿quién es tu hermano?
   ▷ ¿......................... hermano? El que está hablando por teléfono.
4. ▶ Juan, Ana, ¿son esos .... padres?
   ▷ Sí, esos son .... padres. Ven, que te los presentamos.
5. Nosotros no tenemos primos, ... tía no tiene hijos.

5 ¿Qué estás haciendo en este momento?

....

....

6 Elige el demostrativo adecuado.

1. ▶ ¿Quiénes son tus tíos?
   ▷ **Estos/Aquellos**. En esta foto están muy guapos, ¿no?
   ▶ ¿Y **esa/esta** niña de aquí?
   ▷ Es mi prima Carolina. Es un poco tímida, pero es muy simpática.
2. ▶ ¿De quién es **esta/aquella** camisa de allí?
   ▷ Es de Luis.
3. ▶ ¿Qué podemos regalarle a Marta? **Aquel/Este** jersey de aquí es muy alegre, ¿no?
   ▷ Mmm... La verdad es que yo prefiero algo más clásico. ¿Y si le compramos **esa/esta** falda azul de allí?
4. ▶ **Aquella/Esa** chica de allí lleva unos pantalones muy bonitos, ¿la ves?
   ▷ Yo también tengo **esos/estos** pantalones de aquí y son muy cómodos.

7 Completa el texto con los verbos en presente de indicativo.

Mi familia [1] .... (ser) muy especial. [2] .... (Ser, nosotros) tres hermanos y todos [3] .... (estar) muy unidos. Mis padres [4] .... (tener) una casa muy grande en el campo y normalmente [5] .... (ir, nosotros) allí porque hay mucho espacio. Mis hermanos ya no [6] .... (vivir) en casa, pero yo sí porque [7] .... (tener) 15 años y todavía [8] .... (estar) estudiando. A veces [9] .... (comer) todos juntos y [10] .... (hablar) de las historias de la familia o [11] .... (pasear) por el campo. Mi madre [12] .... (cocinar) muy bien y [13] .... (preparar) las mejores paellas del mundo. [14] .... (Trabajar) en una editorial. Mi padre, ahora que ya no [15] .... (trabajar), [16] .... (pintar) y [17] .... (pasar) mucho tiempo con sus nietos: los [18] .... (llevar) al parque, [19] .... (leer) cuentos con ellos... ¡[20] .... (Ser, nosotros) una familia muy unida!

8 Describe la ropa que llevan estos modelos.

Diseño de Custo Dalmau

Diseño de Narciso Rodríguez

Diseño de Carolina Herrera

Zapatos de Manolo Blahnik

9 Responde a las siguientes preguntas.

1. ¿De dónde es la diseñadora Carolina Herrera?
2. ¿De dónde son los padres de Manolo Blahnik? ¿Qué diseña principalmente Manolo Blahnik?
3. ¿Con qué familiar trabaja Custo Dalmau?
4. ¿De dónde son los padres de Narciso Rodríguez?

Unidad 5

¿A qué hora te levantas? ¿Temprano o tarde?

¿Dónde desayunas normalmente?

¿Cuál es tu día favorito de la semana? ¿Y tu mes?

Igual que todos los días

En esta unidad vas a...

- Decir la hora
- Hablar de acciones habituales
- Hablar de horarios, fechas y partes del día
- Situar las acciones en el tiempo
- Expresar frecuencia y el número de veces que se hace algo
- Conocer el horario de los españoles

¿Qué sabes?

1 ¿Sabes decir la hora en español? Fíjate en las imágenes y relaciónalas con las frases.

① ☐

② ☐

¿Qué hora es?

a. Son las nueve en punto.
b. Son las dos **y** media.
c. Son las cuatro **y** cuarto.
d. Son las seis **y** dos.
e. Es la una **menos** cuarto.
f. Son las doce **menos** cinco.

1.1 **En parejas** Completa el esquema de las horas con ayuda de la actividad anterior.

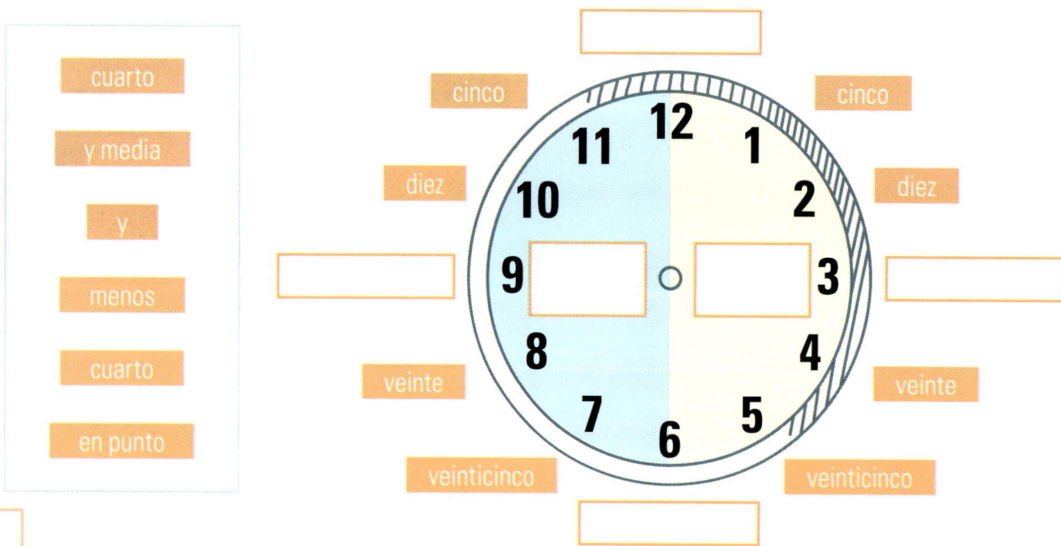

~~Son~~ *Es la una y veinte.*

RAE

COMUNICACIÓN

Español de España › ¿Qué hora es? : *Pero ¿qué hora es? ¿Las siete ya?*
Español de América › ¿Qué horas son? : *–¿Qué horas son, compañero? –Van a dar las cinco.*
Español de España › *Son las* + hora + *menos cuarto* : *Son las once **menos cuarto**.*
Español de América › *Son (un)/Falta un cuarto para* + hora : *Sí, son **cuarto para** las doce de la noche.*

1.2 **En parejas** ¿Qué hora es en estos lugares? Búscala en internet y comparte la información con tu compañero/a.

Estudiante A

¿Qué hora es en...?
- Sídney
- Taipéi
- Moscú
- Montevideo
- Vancouver
- Ciudad del Cabo

Estudiante B

¿Qué hora es en...?
- Tokio
- Manila
- El Cairo
- Chicago
- Ciudad de México
- Honolulu

3 ☐

4 ☐

5 ☐

6 ☐

- Para **decir la parte del día** en la que situamos una acción se usa ***por** la mañana/tarde/noche* y ***a** mediodía*:
  *Voy a clase **por** la mañana.*
- Para **concretar la hora** se usa: hora + ***de** la mañana/tarde/noche*:
  *En Madrid son las cinco y media **de** la tarde y en Los Ángeles son las ocho y media **de** la mañana.*
- En contextos formales se usa el formato 24 horas para expresar la hora:
  *El tren sale a **las 17:30**.* ("El tren sale a **las diecisiete treinta horas**").

RAE

LÉXICO

Español de España › **Por** la mañana/tarde/noche :
Por las noches hablamos para intentar comprender un poco mejor el país de Gales…
Español de América › **En** la mañana/tarde/noche :
*Lunes **en** la mañana. Leonidas Harpago se mira en el espejo de la puerta del baño.*

2 **En parejas** ¿Cuándo realizas estas actividades? Clasifícalas según el momento del día y compáralas con tu compañero/a.

Dormir. | Tomar un sándwich. | Hacer deporte. | Escuchar música. | Estudiar. | Lavarte los dientes. | Tomar café. | Leer un libro. | Hacer la compra. | Salir con amigos/as.

Por la mañana	A mediodía	Por la tarde	Por la noche

Aunque el **mediodía** marca una hora concreta del día (las 12:00), en España y en la mayoría de los países de Hispanoamérica es un periodo de tiempo que incluye la hora de la comida (entre las 12:00 y las 15:00 h).

2.1 **En parejas** ¿Qué otras actividades realizas tú en las diferentes partes del día? Amplía la tabla de la actividad anterior.

Palabras

1 Lee los comentarios de estas personas sobre sus rutinas y escribe los días de la semana.

Ver la tele

Antonio: "Los miércoles y los jueves no salgo, siempre preparo la cena en casa y veo la tele con mi pareja".

Ducharse

César: "Los lunes me ducho por la noche, porque los martes por la mañana salgo de casa muy temprano".

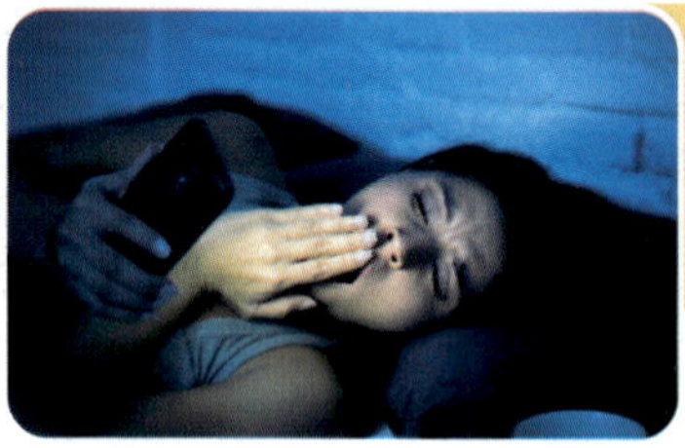

Acostarse

Esther: "Siempre pongo la alarma en el móvil cuando me acuesto".

Trabajar

Natalia: "Trabajo en una oficina de lunes a viernes, de 8 de la mañana a 5 de la tarde".

Levantarse

Raquel: "Los sábados y los domingos me levanto más tarde porque no tengo que trabajar".

Desayunar

Arturo: "El fin de semana desayuno en casa tranquilamente: café, fruta y cruasanes".

L.........

M..........

M....................

J.........

V............

S.......... } **Fin de semana**

D...........

Fíjate:
- Estas son las abreviaturas de los días de la semana: L/M/X/J/V/S/D. El miércoles se representa con una X para evitar la confusión con la M del martes.
- La estructura *soler* + infinitivo sirve también para expresar acciones habituales:
  *Los sábados y los domingos **suelo** levantarme más tarde.*

1.1 **En parejas** Hazle esta encuesta a tu compañero/a. ¿Tenéis las mismas rutinas?

1. ¿A qué hora te levantas? Me levanto a las ....
2. ¿Cuándo te duchas? ☐ Por la mañana. ☐ Por la tarde. ☐ Por la noche.
3. ¿A qué hora te acuestas? Me acuesto a las ....
4. ¿Qué horario de trabajo/estudio tienes? De .... a ....
5. ¿Dónde desayunas normalmente? ☐ En mi casa. ☐ En el trabajo. ☐ En una cafetería. ☐ Otros: ....
6. ¿Cuándo ves la tele? ☐ Por la mañana. ☐ Por la tarde. ☐ Por la noche. ☐ Nunca.
7. ¿Quién prepara la cena en tu casa? ☐ La preparo yo. ☐ La prepara ....

2 Escucha lo que dicen estas personas sobre lo que hacen a diario y escribe las acciones debajo de la foto correspondiente.

[20]

A 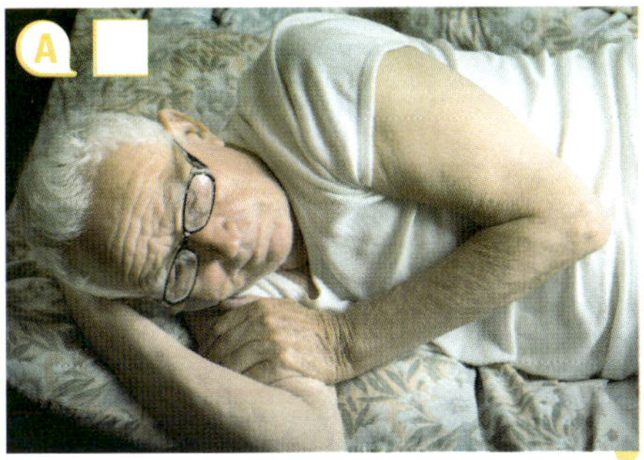

B 

C 

D 

E 

F 

G 

H 

I 

2.1 Vuelve a escuchar el audio y numera las imágenes según el orden en que realizan las acciones Sebastián, Julia y Andrea.

[20]

2.2 **En parejas** ¿Qué otras acciones cotidianas conoces asociadas a estos verbos? Haz una lista con tu compañero/a.

- **Leer**: • *un libro* • ....
- **Hacer**: • .... • .... • ....
- **Tomar**: • .... • ....
- **Lavarse**: • .... • ....
- **Jugar**: • .... • ....
- **Salir**: • .... • ....

Asociar palabras a un verbo te ayuda a recordar sus posibles combinaciones y a fijar otras nuevas.

Gramática

1 Presente de indicativo: verbos irregulares

A. Verbos con irregularidad vocálica

	e > ie Cerrar	Otros verbos	o > ue Dormir	Otros verbos
yo	cierro	empezar	duermo	recordar
tú	cierras	comenzar	duermes	poder
él, ella, usted	cierra	merendar	duerme	volver
nosotros/as	cerramos	querer	dormimos	contar
vosotros/as	cerráis	preferir	dormís	costar
ellos, ellas, ustedes	cierran	despertarse	duermen	acostarse

	e > i Pedir	Otros verbos	u > ue Jugar
yo	pido	reírse	juego
tú	pides	repetir	juegas
él, ella, usted	pide	vestirse	juega
nosotros/as	pedimos	medir	jugamos
vosotros/as	pedís	elegir	jugáis
ellos, ellas, ustedes	piden	corregir	juegan

Fíjate:
Algunos verbos tienen un cambio ortográfico para conservar el sonido original del infinitivo. Este cambio no se considera una irregularidad:
coger > cojo; convencer > convenzo; seguir > sigo...

Fíjate:
Jugar es el único verbo con la irregularidad *u > ue*.

RAE GRAMÁTICA
Recuerda que la forma vos se usa principalmente en Argentina, Uruguay y Paraguay.
El presente de la forma *vos* es regular: *vos* pensás, tenés, dormís, jugás, pedís, decís ...:
*Vos **pensás** así porque no **tenés** hijos...*
*Eso que **vos decís** es lo mismo que **decís** que decía Perón...*

B. Verbos que tienen la primera persona (*yo*) irregular

Hacer	Otros verbos	
hago	saber	> **sé**
haces	salir	> **salgo**
hace	poner	> **pongo**
hacemos	dar	> **doy**
hacéis	ver	> **veo**
hacen	conocer	> **conozco**

- Los verbos *tener* y *venir* tienen doble irregularidad:
  ***tengo**, tienes, tiene, tenemos, tenéis, tienen*
  ***vengo**, vienes, viene, venimos, venís, vienen*
- Recuerda que los verbos *ser, estar* e *ir* tienen una irregularidad propia:
  ***soy, eres, es**...; **estoy, estás, está**...; **voy, vas, va**...*

1.1 Completa el cuadro según el modelo.

FORMA	PERSONA	INFINITIVO	IRREGULARIDAD
cuenta	*él, ella, usted*	*contar*	*o > ue*
salgo			
duermen			
empiezas			
pongo			
juegas			
piden			

2 Verbos reflexivos

- Los verbos reflexivos se forman añadiendo los siguientes pronombres:

	Ducharse
yo	**me** ducho
tú	**te** duchas
él, ella, usted	**se** ducha
nosotros/as	**nos** duchamos
vosotros/as	**os** ducháis
ellos, ellas, ustedes	**se** duchan

Levantarse, lavarse, despertarse, acostarse, vestirse, apellidarse, llamarse... también son reflexivos:

Yo me ducho dos veces al día, una por la mañana y otra por la noche.

2.1 Completa las formas que faltan de cada verbo.

e > ie Despertarse		e > i Vestirse	
me	despierto	......	......
......	......	......	......
......	......	se	viste
......	......	......	......
os	despertáis	......	......
......	......	se	visten

o > ue Acostarse		1.ª persona irregular Caerse	
......	......	......	......
te	acuestas	te	caes
......	......	......	......
nos	acostamos	......	......
......	......	......	......
......	......	se	caen

3 Relaciona los siguientes infinitivos con el nombre adecuado.

1. Hacer	a. un cuento.
2. Poner	b. la lavadora.
3. Pedir	c. de casa.
4. Contar	d. la cama.
5. Dar	e. un paseo.
6. Salir	f. una *pizza*.

3.1 [21] Escucha lo que dicen estas personas sobre su día a día para comprobar tu respuesta anterior.

3.2 [21] Vuelve a escuchar y relaciona a las personas con las imágenes a través de las acciones que realizan.

Persona ......

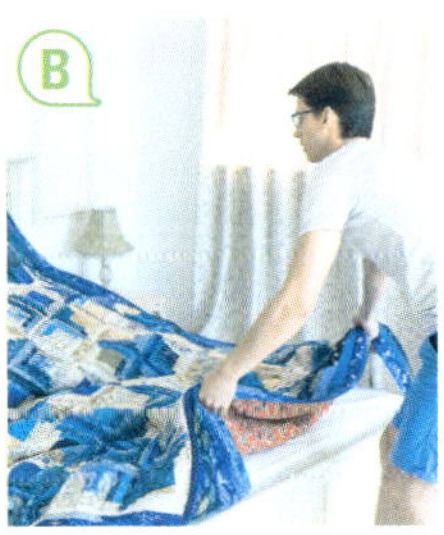

Persona ......

Persona ......

Persona ......

Persona ......

Persona ......

4 Lee el texto y completa con las formas adecuadas dc los verbos.

¡Hola! [1] .... (Llamarse) Javier. [2] .... (Tener) 39 años y [3] .... (vivir) en Cali. Por la mañana [4] .... (levantarse), [5] .... (desayunar) y [6] .... (ducharse). A las siete y media [7] .... (salir) de casa porque [8] .... (empezar) a trabajar a las ocho. [9] .... (Trabajar) hasta las cuatro. A la una del mediodía [10] .... (hacer) un descanso y [11] .... (tomar) un sándwich y una fruta. Por la tarde, [12] .... (volver) a casa. A veces, cuando [13] .... (llegar) cansado, [14] .... (dormir) un rato o [15] .... (escuchar) música. Si no [16] .... (estar) cansado, [17] .... (dar) un paseo, [18] .... (ir) al gimnasio, [19] .... (hacer) la compra... Por la noche, [20] .... (preparar) la cena y después [21] .... (leer) un poco o [22] .... (ver) la tele. Normalmente [23] .... (acostarse) a las once de la noche, porque al día siguiente [24] .... (despertarse) muy pronto.

Practica en contexto

1 Lee la información de esta web de viajes sobre los horarios y los días festivos en Argentina y di si las afirmaciones son verdaderas o falsas.

HORARIOS Y DÍAS FESTIVOS EN ARGENTINA

HORARIO COMERCIAL

El horario de las tiendas es normalmente de 9:00 a 20:00, aunque a veces cierran para hacer una pausa a mediodía. Los sábados el horario es de 9:00 a 13:00. Los centros comerciales abren todos los días de la semana (incluidos los domingos) de 10:00 a 22:00.

RESTAURANTES

Normalmente se puede comer desde las 12:00 y se puede cenar desde las 20:30. Siempre se puede comer algo rápido en una cafetería, una pizzería, locales de comida rápida o en un puesto callejero, pues casi siempre están abiertos.

OFICINAS PÚBLICAS Y BANCOS

El horario habitual de las oficinas estatales es de 09:00 a 12:00 y de 14:00 a 19:00. Los bancos atienden al público de lunes a viernes, entre las 10:00 y las 15:00.

PRINCIPALES FIESTAS ARGENTINAS

1 de enero	Año Nuevo
24 de marzo	Día Nacional de la Memoria por la Verdad y la Justicia
2 de abril	Día del Veterano y de los Caídos en la Guerra de las Malvinas
(fecha variable)	Viernes Santo
1 de mayo	Día del Trabajo
25 de mayo	Día de la Revolución de Mayo
20 de junio	Día de la Bandera
9 de julio	Día de la Independencia
12 de octubre	Día de la Diversidad Cultural Americana
8 de diciembre	Día de la Inmaculada Concepción de María
25 de diciembre	Navidad

Los meses del año

- enero
- febrero
- marzo
- abril
- mayo
- junio
- julio
- agosto
- septiembre
- octubre
- noviembre
- diciembre

Para hablar de fechas se usa *el* + día + *de* + mes:
*El Día de la Independencia en Argentina es **el 9 de julio**.*

1. Todas las tiendas cierran para comer. ☐ V ☐ F
2. Los centros comerciales abren todos los días. ☐ V ☐ F
3. Se puede cenar en los restaurantes argentinos desde las ocho y media de la tarde. ☐ V ☐ F
4. Las oficinas públicas abren por la mañana y por la tarde. ☐ V ☐ F
5. El horario de atención al público en los bancos es hasta las cuatro de la tarde. ☐ V ☐ F
6. El 20 de junio se celebra el Día de la Independencia. ☐ V ☐ F

RAE

ORTOGRAFÍA

- Se escriben con mayúscula inicial los nombres y adjetivos de festividades religiosas o civiles, como por ejemplo *Navidad, Año Nuevo, Día de la Diversidad Cultural Americana...*: *Cierra los ojos, ábrelos, y ya es mañana, la **Navidad**.*
- Los días de la semana y los meses del año se escriben con minúscula:
  *El **jueves** 27 de **agosto** es el cumpleaños de Marina. ¡No lo olvides!*
- Cuando el nombre de una festividad contiene un día o un mes, este se escribe con mayúscula:
  *Las fechas de **Jueves Santo** y **Viernes Santo** son variables porque dependen del calendario lunar.*
  *El 25 de mayo se celebra el **Día de la Revolución de Mayo**.*

1.1 **Todo el grupo** Compara estos horarios con los de tu país. ¿En qué se parecen y en qué se diferencian? Cuéntaselo a tus compañeros.

1.2 **Todo el grupo** ¿Cuáles son las principales fiestas de tu país? ¿Cuándo se celebran? Elabora un calendario con las fiestas más importantes de los próximos meses y compártelo con tus compañeros.

2 Aquí tienes los horarios de dos museos españoles: el Museo del Prado (Madrid) y el MUSAC (León). Intercambia información con tu compañero/a.

Museo del Prado

Estudiante A

HORARIO

Abierto
De lunes a sábado: 10:00-20:00 h
Domingos y festivos: 10:00-19:00 h

Horario reducido
6 de enero, 24 y 31 de diciembre:
10:00-14:00 h

Días y horas de entrada gratuita
De lunes a sábado de 18:00 a 20:00 h
Domingos y festivos de 17:00 a 19:00 h

Cerrado
1 de enero, 1 de mayo y 25 de diciembre

1. ¿Qué días cierra el MUSAC? ....
2. ¿Cierra a mediodía? ....
3. ¿Qué días abre solo por la mañana? ....
4. ¿Cuál es el horario de martes a viernes? ....
5. ¿Cuál es el horario durante los fines de semana? ....
6. ¿Qué días del año es gratuita la entrada? ....

Preguntar por los horarios

- ¿Cuál es el horario de...?
- ¿Qué días abre/cierra...?
- ¿A qué hora abre/cierra...?

Hablar de los horarios

- a las...
  *El museo cierra **a las** siete de la tarde.*
- de... a...
  *El horario de las tiendas normalmente es **de** 09:00 o 10:00 **a** 20:00 h.*
- desde la/las... hasta la/las...
  *Normalmente las cocinas abren **desde las** 11:00 **hasta las** 23:30 h.*
- hasta las...
  *En Ciudad de México algunos bancos abren **hasta las** siete de la tarde.*
- entre las... y las...
  *Los bancos atienden al público de lunes a viernes, **entre las** 09:00 **y las** 16:00 h.*

MUSAC

Estudiante B

HORARIO

Abierto
De martes a viernes: 11-14 h/17-20 h
Sábados, domingos y festivos: 11-15 h/17-21 h

Cerrado
Lunes (incluyendo festivos), 1 de enero y 25 de diciembre

Horario reducido
6 de enero, 24 y 31 de diciembre:
10:00-14:00 h

Días y horas de entrada gratuita
De martes a jueves de 19:00 a 20:00 h
Domingos de 17:00 a 21:00 h
Día Internacional de los Museos,
23 de abril, 12 de octubre y 6 de diciembre

1. ¿Cuál es el horario del Museo del Prado de lunes a sábado? ....
2. ¿A qué hora cierra los sábados? ....
3. ¿Hasta qué hora abre los domingos y festivos? ....
4. ¿Cuál es el horario del museo el 24 de diciembre? ....
5. ¿Desde qué hora es gratis la entrada? ....
6. ¿Qué días cierra? ....

3 [22]

Escucha lo que hacen Gema y Ernesto un día normal y marca la información correspondiente a cada uno.

Gema
35 años. Ingeniera

Gema		Ernesto
☐	1. Se despierta a las 7:00.	☐
☐	2. Se despierta a las 6:30.	☐
☐	3. Se ducha por la mañana.	☐
☐	4. Come a las 14:00.	☐
☐	5. Come a media mañana.	☐
☐	6. Duerme la siesta después de comer.	☐
☐	7. Corre.	☐
☐	8. Da un paseo.	☐
☐	9. Se ducha antes de cenar.	☐
☐	10. Pide una *pizza*.	☐
☐	11. Juega con el ordenador.	☐
☐	12. Se acuesta pronto.	☐

Ernesto
16 años. Estudiante

Relacionar dos acciones temporalmente
- ***después de*** + infinitivo/nombre
  Después de ducharme/la ducha me visto.
- ***antes de*** + infinitivo/nombre
  *Todos los días corro por el parque **antes de** cenar/la cena.*

3.1 **En parejas** ¿Tú haces estas cosas habitualmente? ¿Cuáles sí y cuáles no? ¿A qué hora?

4

Carolina y Javi son compañeros de piso y por la mañana cada uno tiene rutinas diferentes. Lee la información, ordena las acciones de cada uno y completa.

☐ Ducharse: 8:30
☐ Desayunar: 8:00
☐ Salir de casa: 9:00
☐ Vestirse: 8:45
☐ Maquillarse: 8:50

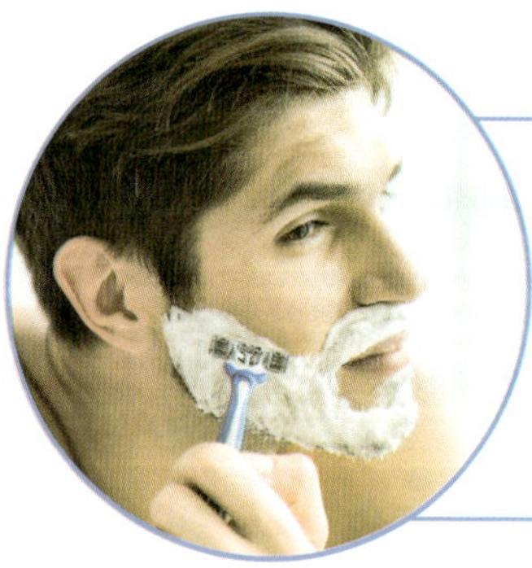

☐ Salir de casa: 9:00
☐ Desayunar: 8:40
☐ Ducharse: 8:00
☐ Afeitarse: 8:15
☐ Vestirse: 8:25

Carolina primero ...., luego ....
y ...., después .... y, por último, ...
Javi primero ...., luego .... y ...., después .... y, por último, ...

Ordenar las acciones en el tiempo
- primero
- luego/después
- por último

Primero desayuno, luego me ducho, después me visto y, por último, me lavo los dientes.

4.1 **Todo el grupo** Piensa en tu rutina y cuéntale a la clase lo que haces y en qué orden en un día normal.

5 **En parejas** Observa la agenda de este mes de Sara. ¿Con qué frecuencia realiza estas actividades? Fíjate en el ejemplo.

Ejemplo: *Sara **estudia** en la biblioteca **dos veces a la semana**.*

JUNIO

Lunes	Martes	Miércoles	Jueves	Viernes	Sábado	Domingo
Biblioteca 1	Salsa 2	Piscina 3	Tenis 4	Biblioteca 5	Súper Cine con Virginia y Santi 6	Celebrar mi cumpleaños 7
Biblioteca 8	Salsa 9	Piscina 10	Club de lectura 11	Biblioteca 12	Súper 13	Tapas con amigos 14
Biblioteca 15	Salsa 16	Piscina 17	Tenis 18	Biblioteca 19	Súper 20	Comida familiar 21
Biblioteca 22	Salsa 23	Piscina 24	Tenis Club de lectura 25	Biblioteca 26	Súper Cena de amigas 27	Reunión amigos universidad 28
Biblioteca 29	Salsa 30	1	2	3	4	5

Hablar de la frecuencia

- *los* + día de la semana
  Los lunes voy al gimnasio por la tarde.

  el lunes › **los** lunes
  el sábado › **los** sábados

- (casi) **todos los** días/meses/años/fines de semana
- (casi) **todas las** mañanas/tardes/noches/semanas
- **una vez/n.º de veces al** día/**a la** semana/**al** mes/**al** año
- **normalmente**
- **a veces**
- (casi) **siempre**
- (casi) **nunca**

Fíjate:
*No tomo café **nunca**.*
› ***Nunca** tomo café.*

Actividades	
1. Estudiar en la biblioteca.	6. Jugar al tenis.
2. Bailar salsa.	7. Reunirse en el club de lectura.
3. Celebrar el cumpleaños.	8. Comer en casa de sus padres.
4. Hacer la compra.	9. Ir a la piscina.
5. Salir con los amigos.	

Frecuencia

- los miércoles
- una vez a la semana
- una vez al mes
- dos veces al mes
- dos veces a la semana
- tres veces al mes
- una vez al año
- casi todos los fines de semana
- todos los sábados

5.1 **Todo el grupo** Marca la frecuencia con la que tú realizas estas actividades. Después cuéntaselo a la clase.

	Todos los días	Casi todos los días	A veces	Casi nunca	Nunca	Una vez al día/a la semana/al mes/al año	N.º de veces al día / a la semana/al mes/al año
Hacer la compra.							
Lavarte los dientes.							
Ir al dentista.							
Ir a la biblioteca.							
Cocinar.							
Tomar café.							
Acostarte pronto.							
Pedir una *pizza*.							
Comer en un restaurante.							
Poner la lavadora.							

HORARIOS ESPAÑOLES

1 Lee el siguiente texto de la revista *Comida y salud* sobre las costumbres de los españoles en horarios y comidas.

¿Cuántas veces comen al día los españoles?

Los españoles realizan mayoritariamente tres comidas diarias: el desayuno, la comida del mediodía y la cena, y solo el 28 % toma algo a media mañana y merienda a media tarde. En días laborables el desayuno lo hace un 95.4 % de los españoles. Un dato curioso es que los estudiantes son los que menos desayunan. La merienda es la comida menos importante: normalmente solo meriendan los menores de 12 años y los mayores de 60.

¿Dónde comen?

La mayoría de los españoles desayuna y cena en su casa. El trabajo es la razón principal para comer fuera de lunes a viernes. Las comidas que más se hacen fuera de casa a diario son, especialmente, el almuerzo o el desayuno de media mañana, que suelen realizarse en el trabajo o en la calle en una cafetería. Los fines de semana muchos españoles comen o cenan fuera de casa para disfrutar de su tiempo libre.

¿Cómo comen?

Los españoles invierten alrededor de 15 minutos en el desayuno y entre 30 y 40 minutos en las comidas y las cenas.

Las dos comidas principales (la del mediodía y la cena) se hacen tranquilamente, sentados y conversando, tanto a diario como los fines de semana. Sin embargo, los menores de 30 años normalmente comen y cenan viendo la televisión.

¿Cuándo comen?

Los horarios dependen del tipo de trabajo, pero una cosa está clara: en España todo ocurre más tarde que en otros países. Normalmente los españoles desayunan entre las siete y media y las nueve de la mañana. A mediodía comen entre la una y media y las tres y media de la tarde. Por la noche cenan entre las nueve y las once. ¿Qué te parece?

1.1 **En parejas** Comenta las siguientes cuestiones con tu compañero/a. ¿Coincidís?

- ¿Dónde comes normalmente?
- ¿Cuántas veces comes al día?
- ¿Cuánto tiempo dedicas a las comidas?
- ¿Ves la televisión cuando comes?

2 **En parejas** Fíjate en el gráfico de los horarios. ¿Qué diferencias hay entre España y los otros países?

2.1 **Todo el grupo** Completa la columna "Mi país" y explícale al resto de la clase cómo se reparte el tiempo en el lugar donde vives.

En mi país la gente duerme hasta las...

Datos procedentes de elpais.com (https://verne.elpais.com/verne/2016/03/18/articulo/1458309794_132930.html).

HOSTAL Babel

El olor de tu café

Antes del vídeo

1 **Todo el grupo** Observa la fotografía. ¿Qué parte del día crees que es? ¿Por qué?

2 **En parejas** Haz con tu compañero/a una lista de los alimentos que hay en la mesa.

Durante el vídeo

3 **En parejas** Visiona el fragmento 00:30 – 01:07 sin sonido y con tu compañero/a crea el diálogo. Luego pon de nuevo el vídeo sin sonido y dobla a las actrices.

3.1 Ahora visiónalo con sonido. ¿Qué pareja tiene un diálogo más parecido al original?

4 Visiona el fragmento 00:46 – 01:23 y contesta a las preguntas.

1. ¿A qué hora se despierta normalmente Carla?
2. ¿A qué hora desayuna normalmente Carla?
3. ¿A qué hora están desayunando hoy en el hostal Babel?
4. ¿Por qué tiene que levantarse hoy más temprano Carla?
5. ¿A qué hora empieza a trabajar hoy Carla?

5 ¿En qué orden crees que hace estas cosas Bea?

- [ ] Desayunar.
- [ ] Ducharse.
- [ ] Levantarse.
- [ ] Empezar a trabajar.
- [ ] Ir al gimnasio.

5.1 Ahora visiona el fragmento 01:29 – 01:51, completa la información y comprueba tu respuesta anterior.

Primero [1] ...., luego [2] .... y [3] .... y después [4] .... Por último, [5] ....

6 Visiona el fragmento 01:50 – 03:02 y di si las siguientes afirmaciones son verdaderas o falsas.

1. Bea se acuesta la última en el hostal Babel. .... V F
2. Bea se acuesta normalmente a medianoche. .... V F
3. Bea se acuesta más tarde que Carla. .... V F
4. Leo cena muy pronto. .... V F
5. Después de cenar, Leo ve normalmente la televisión. .... V F
6. Carla trabaja por la mañana y estudia por la tarde. .... V F
7. Carla estudia antes de cenar. .... V F

RAE

LÉXICO

Recuerda que al hablar de las partes del día se usa por (España) o en (América). Pero en Argentina y en algunos lugares de España como el País Vasco y Cataluña se usa a : *Acá me dicen que nos podemos ir todos a dormir y volver mañana* ***a la mañana*** *para el traslado.*

7 **En parejas** Aquí tienes un fragmento de la conversación entre Tere, Carla y Bea. Ordénalo. Luego compara con tu compañero/a.

- [ ] Tere: Tengo cita con el dentista.
- [ ] Carla: Mirá, hablando de chicas estudiosas y responsables…
- [ ] Carla: ¿Y por qué te levantás tan temprano hoy, Tere?
- [ ] Tere: ¡Qué bien huele! ¿Puedo ponerme un café?
- [ ] Tere: ¡Ni yo! Nunca me levanto tan pronto.
- [ ] Bea: Lo sé, lo sé.
- [ ] Bea: Claro. Nunca pruebas mi café cuando está recién hecho.
- [1] Tere: ¿Eso que huelo es el café de Bea?
- [ ] Bea: ¡Qué temprano estás hoy levantada, Tere! ¡No puedo creerlo!
- [ ] Tere: Sí. Yo creo que es la primera vez desde que estoy en este hostal. ¡Me encanta tu café, Bea!

7.1 Visiona el fragmento 03:00 – 03:42 sin sonido y haz los cambios necesarios según los gestos que observas.

7.2 Ahora visiónalo con sonido para comprobar. ¿Te ha ayudado verlo sin sonido para ordenarlo? ¿Cómo?

8 Visiona el fragmento 03:34 – 04:18 y completa la información de la agenda de Tere para hoy.

Calendario

Hoy

08:30	
	clase
12:30	
	clase de Estadística
17:30	(2 h)

Mañana

9 Fíjate en el gesto que hace Leo en el fragmento 04:48 – 04:55. ¿Crees que le gusta el café?

Después del vídeo

10 **En grupos pequeños** ¿Qué desayunas tú normalmente? ¿Con quién sueles desayunar? ¿Es diferente el desayuno de los días de diario al de los fines de semana? Cuéntaselo a tus compañeros.

Evaluación

1 Escucha los siguientes diálogos y selecciona las horas que se dicen.

[23]

1. ☐ 11:50 – ☐ 1:50
2. ☐ 13:45 – ☐ 4:15
3. ☐ 15:20 – ☐ 4:40
4. ☐ 12:55 – ☐ 11:05
5. ☐ 16:30 – ☐ 6:30
6. ☐ 18:00 – ☐ 6:00

2 Completa el texto con el verbo adecuado en presente.

acostarse | cenar | quedar | tomar | desayunar | despertarse | dormirse | ducharse
empezar | trabajar | irse | jugar | hacer | salir | vestirse | volver (2)

Ana [1] .... a las siete, [2] .... en cinco minutos, [3] .... un café y una tostada, [4] .... y [5] .... a la universidad. Las clases [6] .... a las ocho y media. A las once y media [7] .... una pausa para el café y veinticinco minutos más tarde [8] .... a clase. A las dos [9] .... un bocadillo y una fruta con sus compañeros mientras hablan un rato. Por la tarde [10] .... de camarera en una cafetería. Cuando [11] .... a las ocho, [12] .... con sus amigas y [13] .... al baloncesto. Por la noche, a las nueve y media, [14] .... a casa y [15] .... con sus padres. A las once y media [16] .... y [17] .... en un instante porque está cansadísima.

3 **En parejas** Clasifica los verbos de la actividad anterior en su lugar correspondiente de la tabla.

Regulares	Irregulares
....	e › ie: ...., ...
....	o › ue: ...., ..., ...
....	u › ue: ....
....	e › i: ....
....	Otros: ...., ..., ...
....	

4 Escribe ahora lo que haces tú en un día normal.

....

....

5 Completa las frases según tus hábitos.

Correr. | Hacer yoga. | Comer con la familia. | Hacer la compra. | Escuchar la radio. | Ver series. | Ver películas. | Ir de compras. | Salir con amigos. | Ir al dentista. | Leer el periódico. | Dormir la siesta.

1. No .... nunca.
2. Casi nunca ....
3. .... todos los días.
4. .... una o dos veces al mes.
5. .... una vez a la semana.
6. Normalmente .... por la mañana/tarde/noche.

7. A veces

6 Completa las frases con las preposiciones *a, de, por, desde, hasta, entre*.

1. Siempre me ducho .... la mañana.
2. .... mediodía hago una pausa para tomar un sándwich.
3. Los bancos abren .... las 3 .... la tarde.
4. Tengo clase de español .... las 9 .... las 10:30.
5. ¿................ qué hora cierra el supermercado?
6. Los restaurantes abren normalmente .... martes .... domingo, ... 12:30 .... 16.00 y .... 20:00 .... 23:30.
7. Siempre ceno .... las nueve y las diez .... la noche.
8. Mi cumpleaños es el 28 .... noviembre.

7 Relaciona la información de las columnas.

1. ¿A qué hora	a. cierra el museo?
2. ¿Qué hora	b. te levantas normalmente?
3. ¿Cuál	c. es en tu ciudad?
4. ¿Qué días	d. es el horario de las clases?

8 Responde a las preguntas con ayuda de las imágenes.

1. ¿Cuál es el horario de la biblioteca los martes? ....
2. ¿A qué hora sale el avión de Barcelona? ....
3. ¿Qué hora es en Frankfurt? ....
4. ¿Cuándo se celebra el Día de la Independencia de México? ....

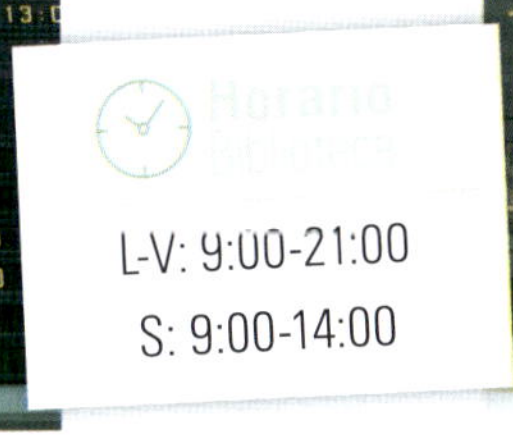

9 Marca las afirmaciones del apartado de cultura que son verdaderas.

1. ☐ Las únicas personas que meriendan son los mayores de 60 años.
2. ☐ El trabajo es la causa principal por la que los españoles comen fuera de casa de lunes a viernes.
3. ☐ Normalmente los españoles comen en casa, pero cenan fuera.
4. ☐ Los españoles dedican poco tiempo al desayuno.
5. ☐ Los jóvenes siempre desayunan mucho.
6. ☐ Normalmente los menores de 30 años ven la tele mientras comen o cenan.
7. ☐ Los alemanes se acuestan temprano.
8. ☐ Los españoles tienen poco tiempo libre.

Unidad

6 No me gusta,

¿Qué te gusta hacer en tu tiempo libre?

¿Qué cosas no te gusta hacer?

¿Normalmente comes en bares?

¿Sabes qué son las tapas?

¡me encanta!

En esta unidad vas a. . .

- Expresar gustos, intereses y preferencias
- Preguntar por gustos, intereses y preferencias
- Expresar acuerdo y desacuerdo
- Pedir en el restaurante
- Conocer algunas tapas típicas

¿Qué sabes?

1 **Todo el grupo** ¿Qué actividades puedes hacer en estos lugares?

Ver una exposición. | Leer. | Comer/cenar. | Escuchar música. | Hacer senderismo. | Ver una película. | Practicar deporte. | Cantar. | Esquiar. | Ver una obra de teatro. | Bailar. | Dormir. | Montar en bicicleta. | Hacer fotos. | Otras: ....

el bar

tu casa

el cine

la discoteca

la montaña

el museo

el teatro

el parque

RAE

Español de España › montar : *Complementen este ejercicio con deportes como correr, nadar o **montar** en bicicleta.*
Español de América › andar : *Caminar, **andar** en bicicleta, patinar, bailar o jugar a la pelota o con la raqueta son buenas maneras de quemar calorías y mantenerse en forma.*

2 **En parejas** ¿Sabes qué es el menú del día? Aquí tienes uno. Complétalo con estas palabras.

Segundo plato | refresco | Tortilla | Pan | Pollo asado con patatas | Helado | a la plancha | Sopa de marisco | Postre

MENÚ

Jueves, 20 de abril

PRIMER PLATO

- [1] .... de patata.
- [2] ....
- Ensalada mixta.
- Parrillada de verduras.

[3] ....

- Hamburguesa con queso.
- [4] ....
- Paella mixta.
- Filete de merluza [5] ....

[6] ....

- Fruta del tiempo.
- Flan casero.
- [7] ....

([8] ...., agua, [9] .... u otra bebida incluidos).

11,50€

2.1 **En parejas** Analiza la actividad anterior y completa esta definición de "menú del día". Compara con tu compañero/a. ¿Coinciden las definiciones?

El menú del día es un tipo de menú de precio fijo que se sirve en muchos restaurantes y bares españoles. En el menú se puede [1] .... entre diferentes platos dentro de los [2] .... grupos (primeros, segundos y [3] ....). La denominación "del día" se debe a que el menú cambia los [4] .... cada día de la [5] .... Se considera un menú económico y generalmente no se ofrece los fines de semana.

2.2 **Todo el grupo** ¿Existe el menú del día en tu país? ¿Qué platos suelen ser los primeros? ¿Y los segundos? ¿Cuáles son los postres típicos? ¿El precio incluye la bebida y el pan? Cuéntaselo a la clase.

Ejemplo: *En mi país el menú tiene...*

RAE

Español de España › patata : *Alrededor del pollo se ponen las **patatas**, el tocino y las cebollitas, colocándolos encima del pollo.*
Español de América › papa : *Voy a asar carne de puerco con **papas**.*

Palabras

1 **En parejas** Lee la oferta de ocio de la ciudad de Bilbao y completa el cuadro con las actividades de tiempo libre que se pueden realizar. Luego compara tu clasificación con la de tu compañero/a.

Playa de Arrietara

Una de las playas preferidas por los surferos donde se puede **hacer surf**, **pasear por la playa** y **jugar al voleibol**.

Museo Guggenheim

En este museo podemos **ver una exposición** o ver la colección propia del museo, que tiene obras de algunos de los principales artistas del siglo XX. También puedes **hacer fotos** del museo desde diversos puntos y a diferentes horas del día.

Auditorio Mitxelena

En el auditorio Mitxelena podemos **escuchar un concierto de *jazz***, algo muy habitual en el País Vasco. El auditorio está dentro del edificio Bizcaia Aretoa de la Universidad del País Vasco.

Estadio de San Mamés

Si eres amante del fútbol, lo mejor es **visitar el museo del Athletic Club** y, por supuesto, **ver un partido de fútbol** en el Estadio de San Mamés.

El Casco Viejo

También conocido como *las 7 calles de Bilbao*, el Casco Viejo tiene más de 200 bares y restaurantes donde podemos **tomar pinchos** y **algo de beber**.

Parque de Doña Casilda

En este parque podemos **descansar** y **disfrutar de la naturaleza** en el corazón de la ciudad. Se trata de un jardín de estilo inglés construido en 1907. Dentro se encuentra el Museo de Bellas Artes de Bilbao.

Puente Colgante de Vizcaya

Declarado Patrimonio de la Humanidad, es un puente transbordador que funciona como transporte de personas y vehículos. También se puede **pasear por el puente**, **hacer una visita guiada** o **practicar deportes de riesgo** (escalada, rápel, etc.).

Teatro Arriaga

El Teatro Arriaga es uno de los centros culturales más importantes de Bilbao. En él actúan orquestas de todo el mundo. También podemos **ver obras de teatro, espectáculos de danza, musicales** y **conciertos**.

Actividades culturales	Deporte	Comida y bebida	Actividades al aire libre

1.1 [24] **Íñigo es de Bilbao y nos va a contar lo que hace en su tiempo libre. Marca en la lista las actividades que menciona.**

1. ☐ Pasear por la playa.
2. ☐ Ver una película.
3. ☐ Tomar pinchos.
4. ☐ Jugar al voleibol.
5. ☐ Ver un partido de fútbol.
6. ☐ Descansar.
7. ☐ Ver un partido de baloncesto.
8. ☐ Ir a un concierto.
9. ☐ Hacer fotos.
10. ☐ Ver una exposición.

1.2 **Todo el grupo** **¿Cuál es la oferta de ocio en tu ciudad? Cuéntaselo a la clase.**

Fíjate: **tomar** = **comer** o **beber**

Gramática

Fíjate:

A mí me gusta el café o *Me gusta el café*, pero ~~*A mí gusta el café.*~~

1 *Gustar, encantar* e *interesar*

- Para **expresar gustos** usamos los verbos *gustar* y *encantar* y para **expresar intereses** el verbo *interesar*. Estos verbos tienen una construcción especial:

(a mí)	(no)	me	+	gusta	+ infinitivo/nombre singular
(a ti)		te		encanta	
(a él, ella, usted)		le		interesa	
(a nosotros/as)		nos		gustan	+ nombre plural
(a vosotros/as)		os		encantan	
(a ellos, ellas, ustedes)		les		interesan	

Me gusta jugar al tenis.
Me encanta el café.
Me interesan los libros de historia.

- El verbo *encantar* expresa el gusto en grado máximo: significa 'me gusta mucho'.

1.1 **En parejas** ¿Qué cosas le gustan a Marta? ¿Qué cosas no le gustan? ¿Y qué le encanta?

Ejemplo: *A Marta le gusta(n).../A Marta no le gusta(n)...*

RAE

LÉXICO

Español de España › baloncesto :

*David me espera solo en la pista de **baloncesto**, jugando a encestar con su pelota naranja de la NBA.*

Español de América › básquet : *Yo estoy lo más bien. Hago de todo, **básquet** y fútbol incluidos.*

Español de México › baloncesto, basquetbol o básquetbol :

*85 alumnos juegan fútbol, 65 juegan **básquetbol** y 50 no practican ninguno de estos deportes.*

Las tres palabras, baloncesto, basquetbol o básquetbol , se usan indistintamente en el mundo hispano.

1.2 Completa las frases con el pronombre y la forma adecuada de los verbos *gustar*, *encantar* o *interesar*.

1. .... (encantar, a mí) ir a exposiciones.
2. A Pedro .... (interesar) mucho el cine.
3. A nosotros .... (encantar) las hamburguesas con queso.
4. ▶ ¿........... .... (gustar, a ti) la sopa de marisco?
   ▷ ¡........... ....! (encantar, a mí)
5. El arte no .... (interesar) mucho a mis amigos. A ellos .... (gustar) más el fútbol.
6. A vosotros .... (gustar) mucho las tapas, ¿verdad?
7. A Sonia y a Paco .... (gustar) dormir la siesta después de comer.
8. A mi hermana y a mí .... (encantar) bailar.
9. ¿........... .... (interesar, a ustedes) la fotografía? Es que hay una exposición muy buena en el Museo de Arte Contemporáneo.
10. No .... (gustar, a mí) nada cantar en público.

2 Adverbios *mucho, bastante, poco, nada*

- Para graduar los gustos o intereses podemos usar los adverbios ***mucho***, ***bastante***, ***poco*** o ***nada***:

  *Me gusta **mucho** el fútbol.* 😊

  *Me gusta **bastante** cocinar.* 🙂

  *Me gusta **poco** bailar. = **No** me gusta **mucho** bailar.* 🙁

  ***No** me gustan **nada** los deportes de riesgo.* 😖

- Con el verbo ***encantar*** no se usan estos adverbios, porque ***encantar*** indica el grado máximo de satisfacción y, por tanto, no se puede graduar:

  Me encanta ~~mucho~~ el cine.

2.1 [25] Escucha la entrevista a la famosa escritora Aurora Valle sobre sus gustos y completa la tabla.

	😊 Mucho	🙂 Bastante	🙁 Poco	😖 Nada
El cine.	☐	☐	☐	☐
Ver películas en casa.	☐	☐	☐	☐
La televisión.	☐	☐	☐	☐
Las series.	☐	☐	☐	☐

2.2 **En parejas** Completa las siguientes frases según tus gustos. Luego compara con tu compañero/a. ¿Coincides con él/ella?

Comer palomitas en el cine | La tele | Las series | Ver películas en casa | Los documentales | El cine

1. .... me encanta(n).
2. .... me gusta(n) mucho.
3. .... me gusta(n) bastante.
4. .... me gusta(n) poco.
5. .... no me gusta(n) mucho.
6. .... no me gusta(n) nada.

Practica en contexto

1 **En grupos pequeños** Lee lo que les gusta a estas personas y decide cuál es el mejor plan para ellas. Justifica tu respuesta.

A mí marido y a mí nos encanta la música clásica. Por eso, siempre que podemos, vamos a escuchar un concierto al auditorio o a la ópera. También nos gusta el teatro y la danza clásica... ¡No entendemos la danza moderna!

Arturo y Mercedes

A mí me encanta el teatro, pero no me gusta nada el teatro clásico porque es muy aburrido. También me gusta el cine clásico y europeo.

Ana

A mi nieta le gustan mucho las obras de teatro infantil y las actividades para niños de los museos, pero yo prefiero ir con ella a ver conciertos porque me encanta la música. También me gusta ir al zoo y las películas para niños, que a las dos nos encantan.

Maite y Lidia

A nosotros nos encanta ir a exposiciones. Nos interesa todo tipo de arte, pero, sobre todo, nos gustan las exposiciones de fotografías antiguas. También nos gusta ir a conciertos de música *rock* y *pop* y bailar *swing*.

Luis y Olivia

Música

NOCHES DE *JAZZ*

Conciertos viernes, sábados y domingos
Lugar: Sala Caracola
23:30 h

ORQUESTA SINFÓNICA

Obras de Prokófiev y Rajmáninov
Lugar: Auditorio Nacional
20:30 h

ROCK EN DIRECTO

Conciertos viernes y sábados
Lugar: Sala Rock-Ola
22:30 h

Cine

CINE CAPITOL

Spiderman 3
Director: S. Raimi
País: Estados Unidos
No recomendada para menores de 13 años.

CINE EN FAMILIA

El ratoncito Pérez
Director: J. P. Buscarini
País: Argentina
Apta para todos los públicos.

FILMOTECA

La cena de los idiotas
Director: F. Veber
País: Francia
No recomendada para menores de 13 años.

Teatro y danza

COMPAÑÍA NACIONAL DE TEATRO CLÁSICO

La dama duende
Lugar: Teatro de la Comedia
20:00 h

TEATRO INFANTIL

Los cuentilocos
Lugar: Teatro Victoria
17:00 h

DANZA CONTEMPORÁNEA

All Ways
Lugar: Teatros del Canal
19:00 h

Museos y salas de exposiciones

ARTE CONTEMPORÁNEO

David Bestué
Lugar: Museo Reina Sofía
Horario: de 10:00 a 21:00 h

FOTOGRAFÍA

Instagramers gallery
Lugar: Fundación Telefónica
Horario: de 10:00 a 20:00 h

TALLER: MUSEO EN FAMILIA

Cuentos con historia
Lugar: Museo Arqueológico Nacional
Horario: de 18:00 a 19:45 h

2 [26] Escucha la entrevista que realizan a estas personas y completa la tabla.

😊 Le gusta mucho 🙂 Le gusta ☹ No le gusta 😖 No le gusta nada

Actividades	Él: Le gusta mucho	Él: Le gusta	Él: No le gusta	Él: No le gusta nada	Ella: Le gusta mucho	Ella: Le gusta	Ella: No le gusta	Ella: No le gusta nada
Salir con amigos.	☐	☐	☐	☐	☐	☐	☐	☐
Ir al cine.	☐	☐	☐	☐	☐	☐	☐	☐
Pasear por la ciudad.	☐	☐	☐	☐	☐	☐	☐	☐
Salir a correr.	☐	☐	☐	☐	☐	☐	☐	☐
Ir a discotecas.	☐	☐	☐	☐	☐	☐	☐	☐
Ir a un concierto.	☐	☐	☐	☐	☐	☐	☐	☐
Ver la televisión.	☐	☐	☐	☐	☐	☐	☐	☐
Chatear.	☐	☐	☐	☐	☐	☐	☐	☐

2.1 [26] Vuelve a escuchar el audio y anota en qué gustos coinciden y en cuáles no.

Salir con amigos.	SÍ	NO	Ir a discotecas.	SÍ	NO
Ir al cine.	SÍ	NO	ir a un concierto.	SÍ	NO
Pasear por la ciudad.	SÍ	NO	Ver la televisión.	SÍ	NO
Salir a correr.	SÍ	NO	Chatear.	SÍ	NO

Expresar gustos iguales

- Yo/A mí también
  - ▶ *Yo voy al cine todos los fines de semana.*
  - ▷ ***Yo también.***
  - ▶ *A mí me encanta la paella.*
  - ▷ ***A mí también.***
- Yo/A mí tampoco
  - ▶ *Yo nunca tomo café.*
  - ▷ ***Yo tampoco.***
  - ▶ *A mí no me gusta nada el pulpo.*
  - ▷ ***A mí tampoco.***

Expresar gustos diferentes

- Yo/A mí sí
  - ▶ *Yo no tomo el café con leche.*
  - ▷ ***Yo sí.***
  - ▶ *A mí no me gusta nada el pulpo.*
  - ▷ ***A mí sí.***
- Yo/A mí no
  - ▶ *Yo tomo el café con leche.*
  - ▷ ***Yo no.***
  - ▶ *A mí me encanta la paella.*
  - ▷ ***A mí no.***

3 **Todo el grupo** Diles a tus compañeros lo que te gusta y no te gusta hacer en tu tiempo libre y reacciona a lo que ellos te cuentan.

▶ *Lo que más me gusta hacer en mi tiempo libre es ir a conciertos.*

▷ *Pues a mí no. Me gusta más hacer ejercicio en el gimnasio. Me divierte mucho.*

▶ *A mí también. Pero si hace frío, me gusta quedarme en casa y jugar a los videojuegos.*

4 Lee la carta del bar San Isidro y contesta a las siguientes preguntas.

TAPAS Y RACIONES

Patatas con alioli	4.50 €	Pincho de tortilla	3.50 €
Tabla de ibéricos	19.50 €	Calamares a la romana	7.80 €
Tabla de quesos	12.50 €	Croquetas de jamón	15 €

SÁNDWICHES Y BOCADILLOS

Sándwich mixto (jamón y queso)	3 €	Bocadillos de tortilla, atún, queso o jamón	3.50 €
Sándwich mixto con huevo	3.50 €		
Sándwich vegetal	3.50 €		

Hamburguesas (todas las hamburguesas se sirven con patatas fritas o ensalada)

Sencilla (tomate, cebolla y lechuga)	7 €
San Isidro (tomate, queso, beicon, cebolla y lechuga)	8.50 €

BEBIDAS Y REFRESCOS

Refrescos, zumo de naranja	2.50 €
Agua con gas/sin gas	1.80 €
Caña de cerveza	1.60 €
Caña de cerveza sin alcohol	1.60 €

CAFÉ E INFUSIONES

Café solo	1.30 €
Café con leche o cortado	1.40 €
Té, menta-poleo, tila, manzanilla	1.30 €

Menú del día

PRIMEROS
Huevos Benedictine
Paella de marisco
Crema de verduras

SEGUNDOS
Salmón a la plancha
Pollo asado con patatas
Entrecot de ternera con salsa de setas

POSTRE
Flan casero
Tarta casera de chocolate
Arroz con leche casero
Piña, naranja o melón naturales

Precio: **11.90 €**
El precio incluye pan, bebida y postre o café.

1. ¿Qué platos son de carne?
2. ¿Qué platos son de pescado?
3. ¿Qué fruta puedes comer?

RAE

LÉXICO

Español de España y América › tarta/pastel:
*De postre una **tarta** de almendras excelente.*
*Allí estaba mi madre, haciendo un **pastel** que olía delicioso y cantando.*
Español de América › torta:
*La **torta** de boda tiene cuatro enormes pisos.*
Español de Honduras › queque:
*Eliminar galletas dulces, **queques**...*

Español de España › tapa:
*Pasear por la ciudad y pararse a tomar unas **tapas** en alguno de los bares que han hecho de estas todo un arte.*
Español de América › botana:
*Para abrir el apetito te presentamos esta gran variedad de **botanas**.*
Español de Venezuela › pasapalos:
Una cena servida, un buffet *o estaciones de distintas comidas y un cóctel con **pasapalos** son las formas más usuales.*

4.1 [27] Escucha estos dos diálogos entre un camarero y unos clientes y responde a las preguntas de cada diálogo.

	Diálogo 1	Diálogo 2
¿Qué comen?		
¿Qué beben?		
¿Cuánto es todo?		

4.2 **En grupos pequeños** Imagina que es la hora de comer y vas al bar San Isidro. Elige con tus compañeros una situación y pide la comida y la bebida que quieres tomar. Otro/a compañero/a hará de camarero/a.

Estás con una amiga. Tú eres vegetariano/a y no te gustan nada los refrescos con azúcar. A tu amiga no le gusta el queso y le gusta tomar un café después de comer.

Hoy tienes tiempo para comer tranquilamente con tu pareja. Tú tienes alergia al marisco. A tu pareja no le gusta mucho la carne y prefiere el pescado.

Vas al bar con tu compañero de trabajo. No tenéis tiempo para comer el menú del día. A ti te encanta la carne, pero no te gusta la cebolla. A tu compañero le encanta la tortilla de patatas.

Tu amiga y tú sois estudiantes. Queréis tomar tapas, pero solo tenéis 20 € entre los dos. A los dos os gustan mucho los refrescos de naranja.

Vas con un amigo. Es tarde y ya no sirven el menú del día. A ti te gusta el pescado y a tu amigo no le gusta el queso. No os gusta comer con agua.

Preguntar por la comida y la bebida (camarero/a)

- **¿Qué quieres/queréis** tomar? (Informal). **¿Qué quiere/quieren** tomar? (Formal).
- **¿Y de** segundo/beber/postre?
- **¿Quieres/Queréis** tomar café/**algo más**? (Informal).
- **¿Quiere/Quieren** tomar café/algo más? (Formal).

Pedir en bares y restaurantes (cliente)

- (**De** primero/segundo/beber/postre) **Yo** (quiero)...
- **Para mí...**

Pedir una explicación

- **¿De qué es** la tarta de la casa/**son** los bocadillos?
- **Una pregunta:** ¿qué es/son...?

Pedir la cuenta

- **¿Cuánto es (todo)?** (Informal).
- **La cuenta**, por favor.
- **¿Me/Nos trae la cuenta**, por favor? (Formal).

5 ¿Sabes qué es la "comida rápida"? Completa esta encuesta para una cadena de restaurantes de comida rápida.

ENCUESTA SOBRE CONSUMO DE COMIDA RÁPIDA

1. ¿Con qué frecuencia consume comida rápida a la semana?
   - ☐ 1 o 2 días.
   - ☐ 3 o 4 días.
   - ☐ 5 o más días.
   - ☐ Nunca.
2. ¿Dónde come normalmente comida rápida?
   ....
3. ¿Qué opina de la comida rápida?
   - ☐ Me gusta mucho.
   - ☐ Me gusta.
   - ☐ No me gusta mucho.
   - ☐ No me gusta nada.
4. ¿Qué le parece más importante cuando consume comida rápida? Puntúe de 4 (muy importante) a 1 (poco importante).
   Sabor ☐ Calidad ☐ Precio ☐
5. Puntúe estos productos de comida rápida de 5 (me encanta) a 1 (no me gusta nada).
   Hamburguesa ☐ *Pizza* ☐ Sándwich ☐ Perrito caliente ☐
6. ¿Cuándo consume productos de comida rápida?
   ☐ Por la mañana. ☐ A mediodía. ☐ Por la tarde. ☐ Por la noche.
7. ¿Cuánto dinero gasta de media a la semana en comida rápida? ....
8. ¿Cuál es el restaurante de comida rápida que prefiere? ....

5.1 **Todo el grupo** Ahora compara el resultado de tu encuesta con la de tus compañeros.

¿Cuántos comen comida rápida? ¿Con qué frecuencia?

....

....

¿A cuántos les gusta la comida rápida? ¿Dónde comen? ¿Cuándo?

....

....

¿Se consume comida rápida porque es más barata?

....

....

¿Cuáles son las conclusiones?

....

....

....

Nos vamos de tapas

1 Solo uno de estos platos es una tapa, ¿cuál? ¿Por qué?

1

2

3

¿Sabías que...?

Una tapa es un aperitivo que se sirve con la bebida. En algunas ciudades la tapa es gratuita. La tapa de mayor tamaño y que se comparte entre varias personas se llama ración. Es bastante habitual salir a cenar o a comer tapas los fines de semana; esta forma de comer se llama tapear o ir de tapas. En algunas zonas del norte de España las tapas se llaman pinchos (*pintxos* en euskera) y no son gratuitos.

Croquetas

Son porciones de masa hecha con bechamel y un picadillo de diversos ingredientes que se rebozan en huevo y pan rallado y se fríen en aceite. Las más populares son las de jamón, bacalao y pollo.

Pulpo a la gallega

Es un plato típico de Galicia, aunque se come en toda España. El pulpo se cuece, se trocea y se sirve con pimentón por encima. A veces también se sirve con patatas cocidas.

Patatas bravas

Son patatas fritas que se sirven con una salsa picante, llamada salsa brava. Se sirven calientes y en algunas zonas de España se añade salsa alioli.

Pimientos de Padrón

Son pimientos verdes pequeños que suelen hacerse a la plancha o fritos. Algunos son particularmente picantes. Por eso, suele decirse que "los pimientos de Padrón, unos pican y otros no".

Huevos estrellados

Son huevos fritos acompañados generalmente de patatas fritas y jamón ibérico. A veces el jamón se sustituye por otros ingredientes como chorizo, setas o gulas.

2 **Todo el grupo** ¿Es habitual en tu país comer tapas? ¿Existe algo similar? ¿Es habitual comer en los bares?

3 **Todo el grupo** Vamos a hacer un listado de tapas de la clase. Piensa en un plato de tu país que se pueda servir como tapa y preséntaselo a la clase. Luego tu profesor/a recogerá todas las propuestas para hacer una lista con las tapas que se ofrecen.

Nombre de la tapa	Ingredientes	Precio

Vídeo

HOSTAL Babel

Unas tapas muy ricas

Antes del vídeo

1 **En parejas** Hoy nuestros amigos Tere y Hugo van a visitar a Carla en su lugar de trabajo. Observa la fotografía y habla con tu compañero/a sobre las cuestiones que te proponemos.

1.1 ¿Cómo es el lugar? Selecciona adjetivos del cuadro.

☐ ruidoso	☐ luminoso	☐ acogedor	☐ original	☐ bonito
☐ agradable	☐ tranquilo	☐ moderno	☐ clásico	☐ viejo

1.2 ¿Qué objetos hay? Márcalos.

☐ armario ☐ sofá ☐ barra ☐ ventana ☐ aire acondicionado
☐ silla ☐ lámpara ☐ puerta ☐ mesa ☐ planta

2 **En grupos pequeños** ¿Te gusta esta cafetería? ¿Cómo se llama tu cafetería favorita? ¿Cómo es? ¿Qué se puede tomar en ella? Cuéntaselo a tus compañeros de grupo.

Durante el vídeo

3 Visiona el fragmento 00:30 ▶ 01:15. ¿Qué dice siempre Carla?

1. "En la cafetería .... muy bien".
2. "Me .... la cafetería donde trabajo".
3. "Trabajo de ....".

Fíjate:
¿Qué palabra utiliza Hugo para hablar de la profesión de Carla?
....

4 ¿De qué comidas hablan Tere, Carla y Hugo? Visiona el fragmento 02:06 ▸ final y márcalas en el siguiente menú.

TAPAS

- jamón ibérico
- paella de marisco
- huevos estrellados
- pincho de tortilla
- patatas bravas
- croquetas
- tabla de quesos
- pulpo a la gallega

SÁNDWICHES

- mixto
- vegetal
- mixto con huevo

HAMBURGUESAS

- normal (lechuga, tomate y cebolla)
- normal con queso
- especial (cebolla, lechuga, pepinillo y tomate)

(Todas las hamburguesas se sirven acompañadas de patatas hervidas y ensalada)

5 ¿Qué pide Tere? ¿Y Hugo? Visiona de nuevo el fragmento y escríbelo.

	Tere	Hugo
De beber		
De comer		

6 **En parejas** ¿Qué productos no puede comer Hugo? ¿Cuáles sí? Escribe debajo de las imágenes si puede comer o no los alimentos y justifica tu respuesta. Puedes volver a visionar el fragmento 01:39 ▸ final.

1 

No, porque la hamburguesa lleva carne y pan blanco.

2 

3 

4 

5 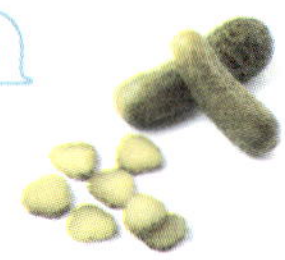

6 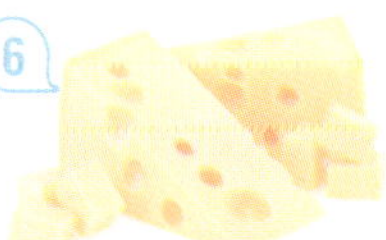

7 

8 

9 

10 

Después del vídeo

7 **En grupos pequeños** Como ves, Hugo tiene muchos problemas para comer cuando sale. ¿Puedes ayudarlo? Piensa con tus compañeros en la carta de una cafetería en la que pueda comer una persona vegana.

7.1 **Todo el grupo** Ahora presenta tu propuesta a la clase.

Evaluación

1 Relaciona las palabras de las columnas.

1. flan
2. tarta
3. agua
4. pescado/carne/verduras
5. sopa/crema
6. tortilla
7. pollo
8. sándwich

a. mixto
b. con gas/sin gas
c. de patatas/francesa
d. casero
e. con patatas/con ensalada
f. de chocolate
g. de marisco/de verduras
h. a la plancha/a la parrilla

2 Completa el crucigrama.

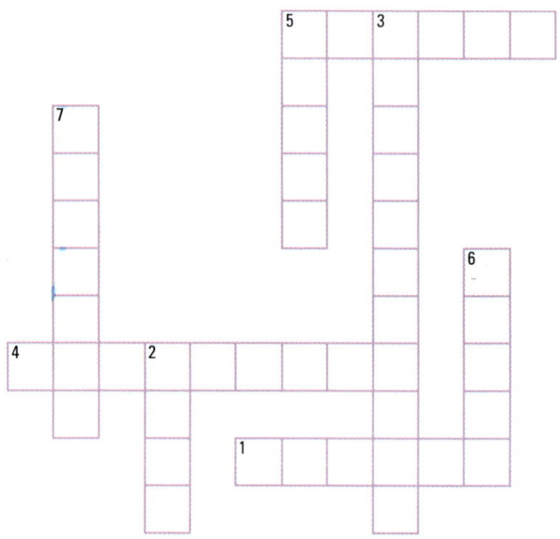

1. Lugar donde puedes ver una obra de teatro.
2. Lugar donde puedes ver una película.
3. Lugar donde puedes comer o cenar fuera de casa.
4. Lugar donde puedes bailar.
5. (Vertical) Lugar donde puedes nadar, pasear, tomar el sol o hacer surf.
5. (Horizontal) Lugar donde puedes pasear, montar en bici, practicar deporte.
6. Lugar donde puedes ver una exposición.
7. Lugar donde puedes ver un partido de fútbol y animar a tu equipo.

3 Elige la forma adecuada de los verbos *gustar*, *encantar* e *interesar*.

1. Me **encanta/encantan** tomar pinchos con los amigos.
2. A mi vecina le **interesa/interesan** los documentales de animales.
3. A mis gatos no les **gusta/gustan** mucho el pescado.
4. A mi hija le **gusta/gustan** los dibujos animados de Peppa Pig.
5. A mis perros les **encanta/encantan** salir a dar paseos.
6. No me **interesa/interesan** los deportes.
7. ▶ ¿A ti te **gusta/gustan** los huevos rotos?
   ▷ No, la verdad es que no me **gusta/gustan** mucho. Prefiero la tortilla de patatas.

4 Lee las frases y reacciona según tus gustos con *a mí también*, *a mí tampoco*, *a mí sí*, *a mí no*.

1. ▶ No me gusta la carne. ▷ ....
2. ▶ A mis amigos y a mí nos gusta ir al cine. ▷ ....
3. ▶ A Rocío le gusta bailar *swing*. ▷ ....

4. ▶ Me encantan los coches deportivos. ▷ ....
5. ▶ A mi profesora le interesa la literatura rusa. ▷ ....
6. ▶ A Jorge no le gusta nada el chocolate. ▷ ....
7. ▶ Me gustan muchos los insectos. ▷ ....

5 Completa el siguiente diálogo entre un camarero y unos clientes.

¿Y de segundo? | ¿Y de beber? | ¿La paella es de marisco? | Sin gas, por favor. | Para mí, agua. | Yo, de primero, quiero la ensalada mixta.

▶ Hola, buenos días.
▷ Buenos días.
▶ ¿Qué quieren tomar?
▷ [1] ....
▶ Muy bien. ¿Y usted?
▷ Para mí las verduras a la parrilla.
▶ [2] ....
▷ Para mí la merluza a la plancha.
▷ [3] ....
▶ Sí.
▷ Pues yo quiero la paella.
▶ [4] ....
▷ Yo, un refresco de naranja.
▶ ¿Y para usted?
▷ [5] ....
▶ ¿Con gas o sin gas?
▷ [6] ....
▶ Muy bien, pues ahora mismo les traigo la bebida.
▷ Gracias.

6 Escribe lo que te gusta hacer en tu tiempo libre.

....
....
....

7 Elige la opción correcta.

1. Las raciones...
   a. son individuales. b. son para compartir.
2. La forma de comer yendo de bar en bar se llama...
   a. ir de tapas. b. comer tapas.
3. Los pinchos son típicos del...
   a. sur de España. b. norte de España.
4. Los pinchos...
   a. son gratuitos.
   b. cuestan dinero.
5. Las croquetas más populares son las de...
   a. queso. b. jamón.
6. El pulpo a la gallega es un plato muy popular...
   a. en toda España. b. solo en Galicia.
7. Las patatas bravas se sirven...
   a. frías. b. calientes.
8. Los pimientos de Padrón...
   a. son todos picantes. b. solo pican algunos.
9. Los huevos estrellados llevan generalmente...
   a. patatas fritas y jamón ibérico.
   b. salsa alioli.

Unidad

7 Buenas intenciones

¿Te gusta planificar o prefieres improvisar?

¿Qué planes tienes para las próximas vacaciones?

¿Qué obligaciones tienes?

¿Piensas hacer algún cambio en tu vida?

En esta unidad vas a...

- Hablar de planes y proyectos en un futuro inmediato
- Expresar intenciones, deseos y obligaciones
- Hacer sugerencias
- Proponer un plan, aceptarlo o rechazarlo
- Expresar opinión y valoración
- Conocer el parque nacional Canaima (Venezuela)

¿Qué sabes?

1 [28] Vas a escuchar tres diálogos en los que Ramón, Susana y Ángel nos hablan de deseos, de obligaciones y de planes. Escucha el audio y corrige la información falsa.

1.1 **Todo el grupo** Mira las imágenes de la actividad anterior y completa la tabla. ¿Coincides con tus compañeros?

¿Quién habla de deseos?	¿Quién habla de obligación?
☐ Ramón	☐ Ramón
☐ Susana	☐ Susana
☐ Ángel	☐ Ángel

2 **En parejas** Lee estas dos propuestas de ocio para el domingo y completa la conversación que tienen por WhatsApp Susana y una amiga suya. Luego compara con tu compañero/a.

Voy a...

Concurso de fotografía

Lleva tu cámara instantánea y haz fotografías de una persona, un animal, un árbol y una flor. Entrégalas antes de las 19:00 horas del domingo en cualquiera de nuestras tiendas. A los autores de las mejores fotografías de cada sección les espera un regalo sorpresa. Inscripción gratuita en www.rapidfoto.com

Ruta en bicicleta por el centro

Saca tu bici a la calle el próximo domingo y participa en la carrera popular del Día sin Coches. Salida a las 10 de la mañana desde la Plaza Mayor y recorrido de 20 km por las calles de la ciudad. Inscripción: 5 €. www.bicletada-sincoches.org

¿Quieres participar en un [1] .... el domingo?

Lo siento, no puedo. El domingo voy a participar en una carrera en bicicleta.

¡Qué pena! Va a ser muy divertido. ¿A qué hora empieza la carrera?

A las [2] ....

¡Ah, bueno! Entonces no hay problema porque el concurso termina a las [3] .... ¿Te apetece?

Sí, vale, ¿por qué no? ¿Y qué hay que fotografiar?

Pues hay que hacer fotos de [4] ...., [5] ...., [6] .... y [7] ....

Genial.

Vale. Luego te llamo y hablamos, que ahora tengo que sacar al perro.

¿Quién habla de planes?

- [ ] Ramón
- [ ] Susana
- [ ] Ángel

RAE

LÉXICO

Español de España › hablar : *Marta Rodríguez **habla** con su hijo casi todos los días e incluso le ayuda con los deberes.*

Español de México › platicar : *Pero es con el celular en la mano como los niños y jóvenes de ahora **platican**, ríen, manifiestan sus temores...*

2.1 **Todo el grupo** ¿Qué propuesta te gusta más a ti? ¿Por qué?

Palabras

1 **En grupos pequeños** Estos son algunos objetos que llevamos normalmente cuando hacemos una excursión o vamos a la playa. ¿Sabes cómo se llaman en español? Con tus compañeros de grupo, escribe el nombre correspondiente.

1 ....

2 ....

3 ....

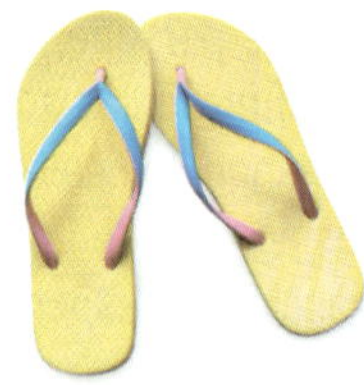
4 ....

5 ....

6 ....

7 ....

8 ....

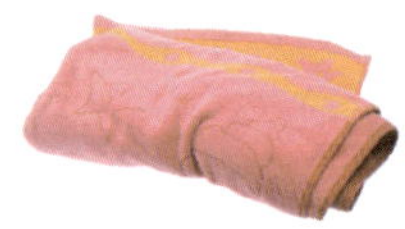
9 ....

10 ....

11 ....

12 ....

13 ....

1.1 **En parejas** ¿Qué otras cosas se pueden llevar de excursión? Piensa en las excursiones que haces normalmente y haz una lista con tu compañero/a.

RAE

LÉXICO

Español de España › linterna : *El garaje está como boca de lobo. Tengo que comprarme una* ***linterna*** *para estos casos.*
Español de México › lámpara : *Trae guantes, botas altas, un arnés en el pecho y una* ***lámpara*** *en el casco, que le protege la cabeza.*

Español de España › bañador/traje de baño : *Regresábamos a casa con los* ***bañadores*** *todavía húmedos.*
Español de Argentina › malla : *Marta se compró la* ***malla*** *de baño.*
Español de Cuba › trusa : *Por primera vez, insistió en que Laura se probara un nuevo modelo de* ***trusa****.*

1.2 [29] Escucha la conversación entre Inma y una amiga suya sobre la excursión que va a hacer este fin de semana y completa la información del programa con lo que tiene que llevar.

TRAVESÍA EN PIRAGUA

2 días con acampada en el río Guadiela (Cuenca) - 90 €/persona

Recorrido total de 25 km en dos etapas con comidas incluidas.

En esta excursión vamos a:

- recorrer la parte más bonita y espectacular del río Guadiela;
- observar el vuelo de los buitres;
- acampar bajo las estrellas;
- bañarnos en el río.

Material necesario:

- ropa cómoda, ..., ... y chanclas;
- protector solar y ....;
- calzado deportivo y ropa de abrigo para la noche;
- linterna;
- ....;
- prismáticos.

2 **Todo el grupo** Lee los comentarios de estos estudiantes sobre lo que les gusta y lo que no les gusta hacer en la clase de español. ¿Con quién te identificas? ¿Por qué?

"A mí me gusta mucho trabajar en parejas porque también aprendo mucho de mis compañeros. También me gusta hablar en clase y escribir mensajes en las redes sociales".

"Yo prefiero estudiar gramática y vocabulario por internet en casa. Hay muchas aplicaciones que son gratis. En clase me gusta hablar y hacer ejercicios".

"A mí me gusta ir a clase para escuchar y preguntar las dudas al profesor. También me gusta hacer los deberes en casa, leer libros y escribir mi diario en español".

"A mí me gusta repetir la lección en casa y hacer actividades interactivas en el ordenador".

"A mí me gusta practicar mi español en cualquier situación y hacer intercambios de idiomas, pero odio hacer exámenes".

"Yo siempre busco en el diccionario las palabras que no entiendo, pero no es útil para entender las audiciones en clase. Por eso, mi profesora dice que tengo que escuchar la radio y ver más la tele para mejorar".

2.1 **En parejas** ¿Qué combinaciones de palabras se pueden hacer con estos verbos? Escríbelas en la tabla. Puede haber varias combinaciones. Trabaja con tu compañero/a.

a un/a compañero/a | los deberes | comentarios | preguntas | en grupo | ejercicios | la radio | música | al/a la profesor/a | una actividad | notas | gramática | con un/a nativo/a | información en internet | un intercambio con un/a nativo/a | de mis compañeros | palabras | libros y revistas | mensajes | canciones | palabras en el diccionario | en clase | en parejas

Hacer	Hablar	Leer	Escribir	Escuchar	Preguntar	Aprender	Buscar	Trabajar
			a un/a compañero/a	a un/a compañero/a	a un/a compañero/a			

2.2 **En grupos pequeños** Y a ti, ¿qué te gusta hacer en la clase de español? ¿Qué no? Utiliza las combinaciones de palabras anteriores.

Gramática

☞ Recuerda:

- Los días de la semana son *lunes, martes, miércoles, jueves, viernes, sábado* y *domingo*.
- Los meses del año son *enero, febrero, marzo, abril, mayo, junio, julio, agosto, septiembre, octubre, noviembre* y *diciembre*.

☞ Fíjate:

Las estaciones del año son *primavera, verano, otoño* e *invierno*.

1 *Ir a* + infinitivo

- Para **hablar de planes y proyectos en un futuro próximo** puedes utilizar *ir a* + infinitivo:

  Este fin de semana ***voy a ir*** *a la playa.*

  También se usa esta estructura cuando algo va a ocurrir de manera inminente:

  El tren ***va a salir****.*

  Recuerda que el verbo *ir* es irregular en presente: *voy, vas, va, vamos, vais, van*.

- Para hablar del **futuro** puedes utilizar **marcadores temporales** como:
  - esta tarde/noche
  - este fin de semana/verano/lunes...
  - el próximo año/la próxima semana...
  - el año/la semana que viene...
  - el lunes, el martes...
  - en enero/febrero...
  - en verano/invierno...
  - mañana

  Con estos marcadores se puede usar el presente de indicativo para **hablar de futuro** cuando lo presentamos como algo seguro:

  El domingo como *con mis padres.*

1.1 **En parejas** Observa la imagen. ¿Qué va a hacer Silvia este fin de semana?

Este fin de semana Silvia...

1.2 **Todo el grupo** ¿Y tú? ¿Qué vas a hacer este fin de semana? Cuéntaselo a la clase.

2 *Tener que* + infinitivo

- Para expresar **obligación** o **necesidad** puedes utilizar *tener que* + infinitivo:

  Tengo que hacer *los deberes para mañana.* (Obligación)

  Tengo que hacer *la compra sin falta porque no hay nada en la nevera.* (Necesidad)

Recuerda que el verbo ***tener*** es irregular en presente: ***tengo**, **tienes**, **tiene**, tenemos, tenéis, **tienen**.*

2.1 Pablo es guía turístico. Mira su agenda y escribe en tu cuaderno las cosas que tiene que hacer esta semana.

Lunes	Martes	Miércoles	Jueves	Viernes
10:00 Recoger al grupo de Japón en el aeropuerto.	11:00 Visita al museo arqueológico.	9:00 Visita guiada a bodegas.	9:30 Recorrido por el centro de la ciudad.	12:00 Llevar al grupo de Japón al aeropuerto.
Tarde Supermercado: leche, huevos, carne, pescado.	15:00 Recoger a los niños de la escuela. 17:30 Dentista.	17:30 Llevar a mamá al médico.	**Tarde** Cumpleaños de Carlota: ¡¡llamar!!	**Tarde** Comprar zapatos a los niños.

Ejemplo: *El lunes por la mañana Pablo tiene que...*

2.2 **En parejas** Escribe una lista con las cosas que tienes que hacer esta semana. Después compárala con la de tu compañero/a.

3 *Querer* + infinitivo

- Para expresar **deseos** puedes utilizar *querer* + infinitivo:

  *El próximo año **quiero trabajar** menos y **viajar** más.*

Recuerda que el verbo ***querer*** es irregular en presente: ***quiero**, **quieres**, **quiere**, queremos, queréis, **quieren**.*

3.1 Relaciona los deseos con las personas de las imágenes.

a. Quieren ir al cine.
b. Quieren estudiar chino.
c. Quieren comer *pizza*.
d. Quieren ser cocineros.
e. Quieren beber algo.
f. Quieren trabajar menos.
g. Quieren hacer un pícnic.
h. Quieren ir de compras.
i. Quieren viajar.

3.2 **Todo el grupo** ¿Qué deseos tienes tú? Escribe en un papel tres cosas que quieres y dáselo a tu profesor/a. Él/Ella leerá los deseos sin decir el nombre de la persona que los ha escrito. ¿De quién crees que son los deseos? ¿Por qué?

Practica en contexto

1 **En parejas** Félix es fotógrafo profesional y trabaja para una prestigiosa revista de naturaleza. Lee la información y responde a las preguntas. Trabaja con tu compañero/a.

Destino: Parque nacional de los Picos de Europa.

Objetivo: Hacer fotos de animales (oso pardo, lobo, cabra, etc.) para un reportaje.

Duración: 3 días.

Alojamiento: *Camping*.

Medio de transporte: Coche.

Material necesario: Cámara de fotos, tienda de campaña, mochila, botas de montaña, ropa cómoda y de abrigo, linterna, prismáticos, cuaderno de notas.

Para **expresar necesidad** también puedes usar ***necesitar*** + nombre/infinitivo:
*Félix **necesita ropa de abrigo/abrigarse** porque por la noche hace frío en la montaña.*

- ¿A dónde va a ir?
- ¿Cuántos días va a estar?
- ¿Cómo va a ir?
- ¿Dónde va a alojarse?
- ¿Qué tiene que hacer?
- ¿Qué necesita?

1.1 Escribe una entrada en el blog de Félix para contar lo que va a hacer.

El blog de Félix Martes, 28 de noviembre

¡Me voy a los Picos de Europa!

¡Qué bien! Este fin de semana voy a ir a uno de los parques nacionales más bonitos de España: los Picos de Europa. Allí voy a ....

....

....

Por cierto, necesito una tienda de campaña, ¿alguien tiene una para dejármela?

¡Saludos a todos! Publicado a las 15:02

1.2 **Todo el grupo** Este es un resumen de las condiciones climáticas y orográficas de los Picos de Europa. Léelo. ¿Crees que Félix tiene que llevar algo más? Justifica tus respuestas.

Picos de Europa es un grupo de montañas de paredes verticales situado en el norte de España, muy próximo al mar Cantábrico. Esa proximidad al mar le da unas características muy peculiares: son frecuentes las nieblas y los mares de nubes que quedan por debajo de nosotros cuando subimos a una cumbre. El viento húmedo provoca cambios de tiempo muy bruscos y a veces difíciles de predecir con exactitud. Además, hay que tener en cuenta que, durante el trayecto, no hay ningún lugar en el que poder comprar alimentos.

2 Lee la información de estas excursiones para el fin de semana y señala las afirmaciones verdaderas.

CUEVAS DEL DRACH

(Islas Baleares)
Incluye un paseo en barca a través del lago Martel y un concierto de música clásica.

- Duración de la visita: 1 hora.
- Información práctica: la temperatura interior es de unos 21 °C y la humedad del 80 %. Las visitas son colectivas pero no guiadas.

COVALEDA Y NAVALENO

(Soria)
Respira entre pinos y aprende a recolectar setas con la ayuda de expertos.

- Material necesario para la actividad: agua, botas, mochila, ropa cómoda, ropa de abrigo.
- Precio: 20 € (el precio incluye la cesta y la navaja).

PARQUE NATURAL ISLAS CÍES

(Pontevedra)
Puedes bañarte en sus playas de aguas azules y bucear, hacer senderismo, excursiones en kayak y ver aves y fauna marinas.
Ten en cuenta que solo se puede llegar por mar. Los ferris hacen rutas diarias de junio a septiembre, en Semana Santa y los fines de semana de mayo.

1. ☐ Hay que llevar navaja y cesta para coger setas.
2. ☐ Puedes visitar el parque natural en transporte público durante todo el año.
3. ☐ La visita a las cuevas no incluye un/a guía.

2.1 Escucha el audio y di qué plan le proponen a cada una de las personas y si lo aceptan o lo rechazan.
[30]

RAE

COMUNICACIÓN

Teniendo en cuenta la frecuencia de aparición de estas expresiones, podemos encontrar algunas diferencias.

- Para proponer o sugerir planes:
  - Español de Argentina › tener ganas de : *¿**Tenés ganas de** ver una película?*
  - Español de México › gustar : *¿**Te gustaría** ver una película?*
- Para aceptar una propuesta o invitación:
  - Español de Argentina › Sí; De acuerdo; Ok; Buenísimo; (Está) Bárbaro :
    ▶ *¿Tenés ganas de ir al cine? ¿Qué te parece?*
    ▷ ***Está bárbaro.***
  - Español de México › Sí, claro; ¿Por qué no?; Sale, vamos : ***Sale, vamos,*** *pero tengo que regresar temprano.*

Preguntar por planes e intenciones

- ¿*Va(s) a* + infinitivo?
  *¿**Vas a estar** aquí el fin de semana?*
- ¿Verbo en presente + marcador temporal de futuro?
  *¿**Haces** algo **mañana**?*

Proponer y sugerir planes

- ¿*Quiere(s)* + infinitivo/nombre?
  *¿**Quieres ir** conmigo al teatro?*
- ¿*Te/Le apetece* + infinitivo/nombre?
  *¿**Te apetece** un paseo por el parque?*

Aceptar una propuesta o invitación

- (Sí,) Vale.
- Vale, ¿por qué no?
- De acuerdo.
- Bueno, vale, pero…

Rechazar una propuesta o invitación

- *(No,) Lo siento, es que* + explicación
  ▶ *¿Quieres salir a tomar algo?*
  ▷ *No, lo siento, es que tengo que estudiar.*

Como puedes observar en el ejemplo anterior, cuando se rechaza una propuesta o invitación es necesario justificar el rechazo. Lo habitual es usar ***es que***.

2.2 **En parejas** Piensa un plan para este fin de semana y propónselo a tu compañero/a. Él/Ella lo aceptará o lo rechazará según su agenda y sus gustos.

2.3 **En grupos pequeños** Ahora piensa con tus compañeros de grupo en una excursión para este fin de semana. ¿Dónde vais a ir? ¿En qué medio de transporte? ¿Qué vais a hacer? ¿Dónde vais a alojaros? ¿Qué cosas vais a necesitar? Después contádselo a la clase.

Para **expresar la intención de hacer algo en el futuro** puedes utilizar la estructura *pensar* + infinitivo:

*El próximo año **pienso estudiar** francés.*

Recuerda:

El verbo *pensar* es irregular en presente: ***pie**nso, **pie**nsas, **pie**nsa, pensamos, pensáis, **pie**nsan.*

3 Hoy es 31 de diciembre y todas estas personas tienen muy buenas intenciones para el nuevo año. Léelas y relaciónalas con las fotos.

☐ "El próximo año pienso afeitarme la barba".
☐ "El año que viene pienso tomar más comida sana".
☐ "El próximo año pienso dejar el tabaco".
☐ "El próximo año pienso ir al gimnasio".
☐ "El año que viene pienso adelgazar unos kilos, que tengo sobrepeso".
☐ "Este año pienso ahorrar para cambiar de coche".

3.1 **Todo el grupo** ¿Qué intenciones tienes tú para el próximo año? Cuéntaselo a la clase.

3.2 Lee los comentarios de estas personas para saber qué costumbres tienen cuando reciben el año nuevo.

Puedes **expresar obligación o necesidad** de manera general con ***hay que*** + infinitivo:

*En España **hay que** tomar doce uvas, una por cada campanada.*

"En Japón hay que empezar el año sin deudas y con una casa purificada, así que unos días antes de Año Nuevo tenemos que ocuparnos de esos asuntos".

"En México hay que usar ropa interior amarilla, pero si quieres tener suerte en el amor tienes que llevar ropa interior roja".

"En Francia lo primero que hay que hacer al comenzar el año es besarse bajo unas hojas de muérdago".

"En Uruguay hay que tirar los calendarios antiguos por la ventana y también hay que echar agua a la calle para arrastrar todo lo malo".

"En España hay que comer doce uvas a las doce de la noche. El número doce representa los doce meses del año y simboliza la prosperidad y los buenos deseos para el año que entra".

3.3 **Todo el grupo** ¿Hay en tu país alguna costumbre especial la noche del 31 de diciembre? Cuéntaselo a la clase.

4 **En grupos pequeños** ¿Qué haces para aprender un idioma extranjero? Elabora con tus compañeros una lista de cinco consejos para aprender idiomas.

Para aprender bien un idioma…

- hay que hablar con nativos;
- ....
- ....
- ....
- ....

Para **dar consejos** o **hacer sugerencias** puedes utilizar la estructura ***hay que*** + infinitivo, ***tiene(s) que*** + infinitivo y ***puede(s)*** + infinitivo.

4.1 **En grupos pequeños** El siguiente artículo da consejos para aprender idiomas. Compáralos con los de tu lista. ¿Cuáles coinciden?

7 consejos para aprender un idioma más rápido

Aprender idiomas es uno de esos propósitos de Año Nuevo que abandonamos con facilidad, como ir al gimnasio, perder peso o dejar el tabaco. Si quieres aprender un idioma, estos trucos te pueden ayudar.

1 Hay que estudiar usando solo el idioma que estás aprendiendo.

2 Tienes que ver películas o series y escuchar música o la radio en el idioma que estudias.

3 Tienes que buscar a un compañero con el que hablar o hacer intercambios para practicar idiomas.

4 Puedes usar aplicaciones móviles. Actualmente hay muchos juegos y aplicaciones para aprender idiomas.

5 Hay que relacionar todo lo que sabes con tu idioma. Puedes relacionar las palabras de tu lengua materna con palabras de la lengua que estudias para recordarlas con más facilidad.

6 Hay que hablar desde el principio. No es necesario tener muchos conocimientos de un idioma para comunicarse.

7 Hay que imitar el acento del idioma que aprendes. Para ello, tienes que escuchar a nativos y repetir lo que dicen imitándolos.

Adaptado de https://www.elconfidencial.com/alma-corazon-vida/2016-08-16/trucos-para-aprender-idiomas_1246231/

Contraste *por/para*

- Para expresar **causa** se usa *¿Por qué?* › ***Porque*** + frase o ***por*** + nombre:
  - ▶ *¿**Por qué** estudias español?*
  - ▷ *Estudio español **porque** trabajo en Argentina.*
  - *Está en la cama **por** la fiebre.*
- Para expresar **finalidad** se usa *¿Para qué?* › ***Para*** + infinitivo:
  - ▶ *¿**Para qué** quieres aprender español?*
  - ▷ *Quiero aprender español **para** viajar por Hispanoamérica.*
- Además, con la preposición ***por*** se expresa tiempo y lugar aproximado:
  - ***Por** la mañana voy al gimnasio.*
  - *¿Está mi libro **por** aquí?*
- Además, con la preposición ***para*** se expresa un plazo de tiempo y dirección:
  - *Este ejercicio es **para** mañana.*
  - *Vamos **para** Madrid.*

4.2 **Todo el grupo** ¿Qué opinas de los consejos del artículo que has leído? ¿Estás de acuerdo?

▶ ***Yo creo que*** *estudiar usando solo el español es muy difícil.*

▷ *Pues **yo creo que** ver películas es muy divertido.*

Dar una opinión o valorar

- (Yo) **Creo que…**
  - ***Yo creo que*** *aprender español uno solo no es fácil.*
- ***Es (muy/bastante/un poco)*** + adjetivo de valoración *(útil, necesario, bueno, malo, difícil, fácil, aburrido, divertido…)*
  - ***Es muy importante*** *preguntar al profesor las dudas.*

4.3 **Todo el grupo** En una puesta en común de todos los consejos, elige con tus compañeros los 10 mejores para confeccionar un decálogo y colgarlo en clase.

VIAJAR POR LOS PARQUES NACIONALES

más bellos de Hispanoamérica

1 **Todo el grupo** ¿Sabes qué es un parque nacional? ¿Cuál es el más famoso de tu país?

2 Lee el siguiente texto sobre el parque nacional Canaima (Venezuela).

HOY VAMOS A ADENTRARNOS EN

EL PARQUE NACIONAL CANAIMA

El salto Ángel

DATOS

- Está situado en el estado Bolívar de Venezuela.
- Se extiende sobre una superficie de 30 000 km^2.
- Es el sexto parque nacional más grande del mundo.

QUÉ VER

- **Los tepuyes.** Son mesetas elevadas de roca que ocupan el 65 % del parque.
- **El Salto Ángel.** Es el salto de agua más alto del mundo, generado desde el Auyantepuy, el tepuy más grande y famoso del parque. Mide 979 metros.

FLORA

El clima frío de los tepuyes hace que muchas de las especies que habitan allí sean exclusivas de este lugar, como la *Orectanthe sceptrum*, de hojas alargadas y puntiagudas de color verde azulado, que se puede ver en las cumbres de los grandes tepuyes. Existen también algunas plantas carnívoras, como la *Heliamphora chimantensis* y la *Drosera roraimae*.

FAUNA

Podemos encontrar multitud de animales como pumas, jaguares, osos hormigueros, colibríes, nutrias, anacondas, etc. También hay más de 90 especies de sapos y ranas, pero una de las más curiosas es la pequeña rana negra del Roraima. Mide unos 2 cm y se puede encontrar en la cima del tepuy Roraima, de ahí su nombre.

Fíjate:
Las palabras que terminan en *-y* tienen el plural en *-yes*:
tepuy › **tepuyes** rey › **reyes**
Pero:
jersey › **jerséis** espray › **espráis**

Anaconda

Colibrí

Planta carnívora *Drosera roraimae*

Planta carnívora *Heliamphora chimantensis*

NO TE PUEDES IR SIN CONOCER...

Las piscinas naturales en lo alto del monte Roraima, una maravilla de la naturaleza. Se trata de una cadena de lagos conectados que parecen grandes bañeras o *jacuzzis*. En ellos se puede disfrutar de un baño muy agradable.

Jacuzzis del monte Roraima

Orectanthe sceptrum

3 **En grupos pequeños** Ponte de acuerdo con tus compañeros y elige uno de los parques nacionales de la lista que te damos. Después busca información sobre él en internet, completa la ficha y preséntaselo a la clase.

- Parque nacional Galápagos.
- Parque nacional de Tortuguero.
- Parque nacional Los Glaciares.

Datos
Localización:
Extensión:
Qué ver
Flora:
Fauna:
No te puedes ir sin conocer...

Oso hormiguero

Nutria

Puma

Rana negra del Roraima

Vídeo

HOSTAL Babel

Uvas y campanadas

Antes del vídeo

1 **Todo el grupo** Los amigos del hostal están celebrando una fiesta. Fíjate en la imagen, en el título de la unidad y en lo que hay en las copas. ¿Sabes qué fiesta es? Justifica tu respuesta.

2 **En parejas** Aquí tienes algunas imágenes relacionadas con tradiciones de Argentina, España y México para festejar el último día del año y celebrar la llegada del año nuevo. ¿A qué tradición crees que se refieren?

1 

Barrer la casa.

2 

....

3 

....

4 

....

5 

....

6 

....

2.1 En Argentina, según dice Carla, es costumbre regalarse entre chicas "bombachas rosadas" para tener buena suerte. En tu país, ¿existe esta costumbre?

> LÉXICO
>
> Español de España › bragas: *Al irse, Rebeca se había dejado la mayoría de sus cosas: vestidos, zapatos, blusas, abrigos, **bragas**, medias…*
>
> Español de Argentina, Paraguay y Urugay › bombachas: *Calzoncillos para nosotros y **bombachas** para Laura tenemos.*
>
> Español de México y Honduras › calzón: *Entró en la habitación, se puso el **calzón** y los pantalones y salió.*

Durante el vídeo

3 Visiona el fragmento 00:30 ▸ 03:36, comprueba tus hipótesis anteriores y relaciona las tradiciones con su finalidad.

1. Barrer la casa...
2. Poner dinero en los zapatos...
3. Estrenar ropa...
4. Tomar doce uvas...
5. Usar ropa blanca...
6. Caminar con una maleta...

a. para tener un buen año.
b. para eliminar malas energías y atraer buenas vibraciones.
c. como símbolo de purificación y para tener buena salud.
d. para viajar mucho durante el año.
e. para atraer la prosperidad económica.
f. para tener buena suerte.

4 Visiona ahora el fragmento donde Tere nos va a contar sus planes para Nochevieja (03:37 ▸ 05:00). Luego responde a las preguntas.

1. ¿Qué quiere hacer Tere? ....
2. ¿A dónde va a ir? ¿Qué va a hacer? ....
3. ¿Quiénes van a salir de fiesta esta noche? ....
4. ¿Qué va a hacer Carla? ¿Por qué? ....

5 En el último fragmento (05:00 ▸ final), Leo, Carla, Tere, Bea y Hugo van a contarnos sus planes, proyectos e intenciones para el año nuevo. Visiónalo y luego escribe los planes de cada uno.

LEO ....
CARLA ....
TERE ....
BEA ....
HUGO ....

Después del vídeo

6 **En parejas** Durante el vídeo, Leo hace este gesto con las manos. ¿Qué crees que puede significar? Marca las frases que mejor se acomodan a este gesto.

- ☐ ¿Pero qué pasa?
- ☐ ¿Qué hora es?
- ☐ Este es mi amigo Hugo.
- ☐ ¿He dicho algo inconveniente?
- ☐ ¡Yo también quiero ir!
- ☐ Todo está bien.
- ☐ Tengo hambre.
- ☐ ¡No entiendo nada!

6.1 **En parejas** ¿Con qué gestos se representan las frases que no has seleccionado en la actividad anterior?

7 **En grupos pequeños** ¿Y tú? ¿Cómo celebras la Nochevieja en tu país? Cuéntaselo a tus compañeros.

Evaluación

1 Observa estas situaciones. ¿Qué va a pasar?

estornudar | tener un bebé | explotar | llover | operar

1. El globo ....
2. La mujer ....
3. Los médicos .... al paciente.
4. La mujer ....
5. .... en el campo.

2 Completa las frases según tus planes o intenciones para estos momentos futuros.

1. Esta noche ....
2. Este fin de semana ....
3. La próxima semana ....
4. Mañana ....
5. El mes que viene ....
6. El próximo año ....

3 Imagina que hoy es 31 de diciembre. ¿Cuáles son tus intenciones y deseos para el próximo año?

....

....

....

....

....

4 Escribe dos consejos para cada una de estas preguntas.

1. ¿Qué hay que hacer para conocer bien a la gente de tu país?
   Consejo 1: ....
   Consejo 2: ....
2. ¿Qué tienes que hacer para conseguir un buen trabajo?
   Consejo 1: ....
   Consejo 2: ....
3. ¿Qué hay que hacer para ser un buen amigo?
   Consejo 1: ....
   Consejo 2: ....

5 Observa las imágenes. ¿Qué cosas tiene que hacer Luis antes de la fiesta de cumpleaños de su hija Gema?

1

2

3

4

Limpiar Preparar Poner Comprar	+	la mesa. la casa. la tarta. la cena.

6 Clasifica las expresiones en la tabla.

¿Te apetece ver una exposición este fin de semana? | ¿Vas a salir?
¿Por qué no? | Vale. | ¿Quieres ir a bailar esta noche? | De acuerdo.
Lo siento, no puedo. | Sí, vale. | No, es que tengo que estudiar. | ¿Qué haces mañana?

Preguntar por planes e intenciones	Proponer un plan	Aceptar un plan	Rechazar un plan

7 Completa con el verbo *ir*, *querer* o *tener* en la forma adecuada.

1. Este año Candela y Flora .... viajar a Venezuela para ver los tepuyes.
2. Mañana .... que llamar a mi amiga Sonia porque es su cumpleaños.
3. La próxima semana mis padres .... a ir al teatro.
4. Amanda, Luis, ¿........................ cenar conmigo esta noche?
5. Chema no .... a salir esta noche porque .... que estudiar.
6. Bea no .... hablar conmigo.
7. Jorge y Lidia .... que aprender italiano porque el próximo año .... a estudiar en Roma con una beca Erasmus.

8 Relaciona las palabras de las columnas.

1. oso	a. nacional
2. parque	b. de agua
3. planta	c. hormiguero
4. salto	d. carnívora

8.1 Busca en esta sopa de letras los nombres de cinco animales que podemos encontrar en el parque nacional Canaima.

F	I	O	R	H	O	L	P	I	O
O	L	N	P	L	E	I	Z	N	T
J	A	G	U	A	R	O	F	A	A
C	R	D	E	T	N	S	R	N	B
C	O	L	I	B	R	I	A	L	S
U	T	Y	G	F	T	I	N	O	E
A	D	N	O	C	A	N	A	S	N
C	U	L	E	Z	I	N	O	I	T
L	A	J	Z	A	O	R	C	N	L

9 Después de estudiar esta unidad, ¿qué otras estrategias has adquirido para aprender español? ¿Cuál te parece más útil?

Unidad

8

¿Te pones enfermo/a con frecuencia?

¿Qué haces cuando estás enfermo/a?

¿Utilizas a menudo las máquinas de venta automática? ¿Qué sueles comprar en ellas?

¿En cuál de las imágenes una persona pide algo? ¿Se hace el mismo gesto en tu país?

¿Sabes qué es la dieta mediterránea?

Cuídate mucho

En esta unidad vas a. . .

- Hablar de enfermedades, dolencias y síntomas
- Hablar de los estados de ánimo
- Dar consejos, órdenes e instrucciones
- Pedir permiso, objetos y favores
- Aceptar y denegar peticiones
- Conocer la dieta mediterránea

¿Qué sabes?

1 **En parejas** ¿Conoces las partes del cuerpo humano? Con tu compañero/a, completa la imagen con las palabras que faltan. Puedes usar el diccionario.

1.1 Ahora gira el libro y comprueba tus respuestas.

1. cabeza
2. pelo
3. cara
4. oreja
5. ojo
6. nariz
7. boca
8. cuello
9. pecho
10. mano
11. dedo
12. estómago
13. pierna
14. pie
15. brazo
16. espalda

RAE

LÉXICO

Hablamos de barriga o vientre para referirnos a la parte del cuerpo correspondiente al abdomen:
–Aquí, hijo, aquí me hizo la herida. –¿En el ***vientre****, abuela?*

Español de España › barriga: *Es que me duele la* ***barriga****.*

Español de América › panza: *MAMÁ: Le duele la* ***panza****.*

2 **En grupos pequeños** ¿Cuáles de estos productos encuentras habitualmente en las máquinas de venta automática? ¿Qué otros productos se venden en tu país en estas máquinas?

chocolatina

galletas de chocolate

bollería

patatas fritas

palitos de pan

gominolas

refrescos con azúcar

sándwiches

zumos

2.1 **Todo el grupo** Lee este titular. ¿Qué te parece la iniciativa de estas escuelas?

MADRID 14 SEPT

Varios colegios españoles apuestan por la fruta en sus máquinas de venta automática

Varias comunidades aplican medidas contra la obesidad infantil en sus centros escolares.

2.2 **En parejas** Imagina que tienes que decidir qué cosas se pueden comprar en las máquinas de venta automática. Habla con tu compañero/a y confecciona tu lista ideal de productos.

....

....

....

....

....

....

2.3 **Todo el grupo** Ahora presenta la propuesta a tus compañeros y entre todos elegid la mejor de todas.

RAE

LÉXICO

Español de España › zumo : *Jamás prueba el alcohol, solo agua y **zumo** de naranja.*

Español de América › jugo : *Sobre una mesa con mantelito blanco hay vasos con **jugo** de naranja, platos con huevos cocidos, panes tostados y tazas de café.*

Español de España › sándwich : *Anda, corre, ve a la cocina, por si ya están los **sándwiches** de la mesa 3.*

Español de América › emparedado :

*Primero tomaron café, aparecieron algunos **emparedados**, masas frescas de hojaldre, frutas…*

Palabras

1 **En parejas** ¿Con qué partes del cuerpo relacionas estas palabras? Puedes usar el diccionario.

crema antiarrugas | pendientes | jabón | gorro | bufanda
pantalones | sandalias | guantes | anillo | bolso | pintalabios
rímel | mochila | pañuelo de papel

Ejemplo: *crema antiarrugas › cara*

1.1 **En parejas** Piensa con tu compañero/a en cinco palabras relacionadas con una parte del cuerpo. Tus compañeros tienen que adivinar a qué parte del cuerpo se refieren.

1.2 [31] Escucha y escribe la parte o partes del cuerpo que se mencionan.

1. ....   3. ....
2. ....   4. ....

2 Con tu compañero/a, observa los gestos de estas personas y responde a las preguntas.

1. ¿Quién está triste? Foto: ....
2. ¿Quién está nervioso/a? Foto: ....
3. ¿Quién está aburrido/a? Foto: ....
4. ¿Quién está contento/a? Foto: ....
5. ¿Quién está enfadado/a? Foto: ....
6. ¿Quién está asustado/a? Foto: ....
7. ¿Quién está preocupado/a? Foto: ....
8. ¿Quién está tranquilo/a? Foto: ....

Fíjate:
Usamos ***estar*** para hablar de los estados físicos y de ánimo y ***ser*** para describir el carácter de personas:
*Francisco **es muy tranquilo**, pero hoy **está muy nervioso** porque mañana tiene un examen.*

2.1 **Todo el grupo** ¿Cuáles de los anteriores estados de ánimo son positivos? ¿Y negativos? ¿Utilizas algún gesto concreto para expresarlos? Enséñaselo a la clase.

RAE LÉXICO
Español de España › enfadado/a : *... pero Andrés está muy **enfadado**, enfadado de verdad, y Elena tiembla de miedo.*
Español de América › enojado/a : *Estás **enojada** con Clara porque es una muchacha independiente, ¿no?*

3 ¿Qué les pasa a las personas de las imágenes? Completa las frases con estas palabras.

la espalda | tos | los ojos | fiebre | la cabeza | el estómago | cansado/a

1. Le duele ....

2. Tiene ....

3. Está ....

7. Tiene ....

4. Le duele ....

5. Le pican ....

6. Le duele ....

3.1 **En parejas** Clasifica las siguientes palabras sobre distintos síntomas de una enfermedad en la tabla. En algunos casos puede haber más de una opción.

gripe | enfermo/a | tos | la cabeza | bien/mal | los ojos | alergia | dolor de cabeza | malo/a | un oído | cansado/a | fiebre | dolor de espalda | mareado/a | las muelas | la garganta | dolor de estómago | la nariz | vómitos | las piernas | el cuello | mareos | la espalda | los brazos

Tiene	Le duele/duelen	Le pica/pican	Está/Se siente

- Los verbos ***doler*** y ***picar*** se construyen como el verbo ***gustar***, en 3.ª persona de singular o plural:
  Le duele la cabeza. *Le pican los brazos.*

  Son equivalentes a las expresiones ***tener dolor de*** y ***tener picor de***, respectivamente:
  Le duelen los oídos. = Tiene dolor de oídos.
  Le pican los ojos. = Tiene picor de ojos.
- Lo mismo ocurre con verbos específicos como ***marearse***, ***toser*** y ***vomitar***:
  Se marea. = Tiene mareos. *Tose. = Tiene tos.* *Vomita. = Tiene vómitos.*

3.2 **En parejas** Pregúntale a tu compañero/a cómo se siente en estas situaciones.

¿Cómo te sientes cuando...

no duermes? ....
haces un viaje largo en avión? ....
estás muchas horas sentado/a? ....
andas muchas horas? ....
ves mucho tiempo la tele? ....
llevas muchas horas sin comer? ....
estudias toda la noche? ....
conduces muchas horas? ....

Ejemplo: *Cuando no duermo me pican los ojos y me duele la cabeza.*

Gramática

1 Imperativo afirmativo

¿Diga?

Usamos el imperativo para **dar instrucciones**, **órdenes** y **consejos**.

- **Verbos regulares**

	Hablar	Beber	Abrir
tú	habl**a**	beb**e**	abr**e**
usted	habl**e**	beb**a**	abr**a**
vosotros/as	habl**ad**	beb**ed**	abr**id**
ustedes	habl**en**	beb**an**	abr**an**

- **Verbos con irregularidades vocálicas**

	Empezar (e › ie)	Volver (o › ue)	Pedir (e › i)
tú	emp**ie**za	v**ue**lve	p**i**de
usted	emp**ie**ce	v**ue**lva	p**i**da
vosotros/as	empezad	volved	pedid
ustedes	emp**ie**cen	v**ue**lvan	p**i**dan

> Fíjate:
> Las irregularidades del imperativo son las mismas que las del presente *(e › ie, o › ue, e › i)* en las formas ***tú***, ***usted*** y ***ustedes***.

- **Otros verbos irregulares**

	Ser	Tener	Hacer	Poner
tú	**sé**	**ten**	**haz**	**pon**
usted	**sea**	**tenga**	**haga**	**ponga**
vosotros/as	sed	tened	haced	poned
ustedes	**sean**	**tengan**	**hagan**	**pongan**

	Ir	Venir	Salir	Decir
tú	**ve**	**ven**	**sal**	**di**
usted	**vaya**	**venga**	**salga**	**diga**
vosotros/as	id	venid	salid	decid
ustedes	**vayan**	**vengan**	**salgan**	**digan**

Ten, para ti.

> Fíjate:
> ***Vosotros/as*** es siempre regular.

- Algunos verbos sufren cambios ortográficos en las formas de ***usted*** y ***ustedes***.
  Son los verbos terminados en:
  - **-car**: bus**car** › bus**qu**e, bus**qu**en
  - **-gar**: car**gar** › car**gu**e, car**gu**en
  - **-ger**, **-gir**: ele**gir** › eli**j**a, eli**j**an
  - **-zar**: empe**zar** › empie**c**e, empie**c**en
- Los verbos reflexivos en imperativo llevan el pronombre correspondiente detrás del verbo y unido a él: *levantar**se** › levánta**te**, levánte**se**, levanta**os**, levánten**se**.*
  - En los verbos reflexivos, la forma ***vosotros/as*** pierde la *-d-*: *levanta~~d~~os › levanta**os**.*

RAE

GRAMÁTICA

- En las zonas voseantes de América, el imperativo tiene una forma propia para la persona vos *(hablá, bebé, abrí, empezá, volvé, elegí, tené, hacé, poné, vení, salí, decí...)*: *Empezá vos, por favor./**Comé**, **comé**, está muy bueno.*
- El verbo ir (imperativo ve) no suele utilizarse y se usa andá (verbo andar): ***Andá**, que es tarde.*

1.1 Completa las frases con el verbo en imperativo.

[1] .... (Hablar, vosotros) más alto, por favor, que no os oigo bien.

▶ ¿Y qué hago ahora, papá?
▷ Ahora [2] .... (poner, tú) un poco de sal y luego [3] .... (añadir, tú) la salsa de tomate.

[4] .... (Escoger, ustedes) una pareja de baile y [5] .... (practicar, ustedes) el paso nuevo.

Esta noche vamos a cenar fuera. Se queda a dormir la tía, así que [6] .... (ser, tú) buena, [7] .... (portarse, tú) bien y [8] .... (hacer, tú) caso a tu tía.

Ahora [9] .... (girar, tú) en la siguiente calle y [10] .... (ir, tú) despacito. [11] .... (Tener, tú) mucho cuidado en el cruce, que hay mucho tráfico.

[12] .... (Beber, usted) más agua, [13] .... (tomar, usted) las pastillas y [14] .... (volver, usted) dentro de una semana para ver qué tal.

2 Pronombres de objeto directo

- Muchos verbos llevan un complemento (que puede ser una persona o un objeto) llamado **objeto directo**. Cuando este complemento ya se ha mencionado anteriormente, se sustituye por un pronombre. Los pronombres de objeto directo son:

yo	**me**	nosotros/as	**nos**
tú	**te**	vosotros/as	**os**
él, ella, usted	**lo/la**	ellos, ellas, ustedes	**los/las**

*Mi amiga **Vanessa** vive muy cerca de mi casa. **La** veo todos los días en la calle.*

- El objeto directo va normalmente antes del verbo. Sin embargo, con el imperativo, el infinitivo y el gerundio el pronombre de objeto directo siempre se coloca **a continuación** del verbo formando una sola palabra con él:

*Coge **el libro** y déja**lo** encima de la mesa, por favor.*
*Faltan dos **regalos**. Tienes que compra**rlos** hoy.*
*Me encanta este **libro**. Estoy leyéndo**lo** muy deprisa.*

2.1 Completa los diálogos con el pronombre adecuado.

1. ▶ ¿Tienes tú las llaves del coche?
   ▷ No, ... tiene tu madre.
2. ▶ ¿Puedes dejarme el diccionario?
   ▷ Claro, cóge...........
3. ▶ ¿Cómo quieres el café?
   ▷ .... quiero con leche, por favor.
4. ▶ ¿Tienes ya los regalos de Navidad?
   ▷ No, aún no. Voy a comprar.......... hoy.
5. ▶ ¿Me dejas la cámara de fotos?
   ▷ Un momento. Es que ahora estoy usándo...........
6. ▶ ¿Puedo hacer los deberes mañana?
   ▷ No, haz.......... ahora.
7. ▶ ¿Tú llevas gafas?
   ▷ Sí, pero solo .... utilizo para leer.
8. ▶ ¿Tú visitas a tus abuelos?
   ▷ Sí, por supuesto, ... veo una vez al mes.

Practica en contexto

1 **En parejas** ¿Sabes distinguir entre una gripe y un resfriado? ¿Cuáles son los síntomas de cada uno? Coméntalo con tu compañero/a.

1.1 Lee este artículo sobre la gripe y el resfriado, y comprueba tus hipótesis.

¿Gripe o resfriado?

Los síntomas son parecidos. La diferencia principal es que los síntomas del resfriado común normalmente no producen fiebre alta ni dolor corporal ni muscular. La gripe se caracteriza por producir fiebre alta (hasta 41 °C) y aparecer de forma repentina. Además, la gripe suele manifestarse entre noviembre y principios de la primavera, mientras que el resfriado puede hacerlo durante todo el año.

Características de la gripe
Es una enfermedad contagiosa causada por el virus *influenza*.

Síntomas:
- fiebre alta
- dolor intenso de cabeza
- dolor de garganta
- tos seca y congestión nasal
- dolor corporal y muscular
- escalofríos

Características del resfriado
Es la infección respiratoria más frecuente y contagiosa.

Síntomas:
- fiebre leve
- dolor leve de cabeza
- dolor de garganta
- estornudos y tos
- congestión nasal
- picor de ojos y nariz

1.2 [32] Escucha la conversación entre una doctora y un paciente y toma nota de los síntomas. ¿Tiene gripe o está resfriado?

1.3 [33] Ahora escucha el final de la conversación y comprueba tu respuesta. Después escribe las recomendaciones que le da la doctora.

2 **En parejas** Imagina que estás en una consulta de un centro de salud. Representa junto a tu compañero/a las cuatro situaciones propuestas.

Estudiante A

Síntomas: dolor de cabeza, tos seca, fiebre (39 °C) y dolor de cuerpo.

Tu paciente tiene alergia. Tus consejos: tomar medicamentos antihistamínicos, ponerse unas gotas en los ojos y vacunarse.

Síntomas: dolor de garganta, dolor al comer y fiebre.

Tu paciente tiene una contractura muscular. Tus consejos: ir a un fisioterapeuta, hacer estiramientos, tomar medicamentos para el dolor.

Estudiante B

Tu paciente tiene gripe. Tus consejos: descansar, tomar medicamentos para la fiebre y el dolor y beber muchos líquidos.

Síntomas: picor de ojos y nariz, estornudos y cansancio.

Tu paciente tiene faringitis. Tus consejos: beber mucha agua o líquidos, tomar medicamentos, tomar caramelos de miel y mantener el ambiente húmedo en casa.

Síntomas: dolor de espalda y no dormir bien.

3 **En parejas** Aquí tienes algunos consejos para dormir bien y para llevar una dieta equilibrada. Decide cuáles corresponden a cada uno. Fíjate en los ejemplos.

	Dormir bien	Llevar una dieta equilibrada
1. (Dormir) en un lugar completamente oscuro y sin ruidos.	✓	
2. (Comer) de todo, pero en su justa medida y cinco veces al día.		
3. (Hacer) ejercicio a diario.		
4. (Evitar) ver la televisión, trabajar o usar el móvil en la cama.		
5. (Reducir) el consumo de alimentos precocinados y dulces.		
6. (Tomar) algo caliente (una infusión, por ejemplo) antes de acostarte.		
7. (Planificar) lo que vas a comer.		✓
8. (Ir) al baño antes de acostarte.		
9. (Mantener) los dispositivos electrónicos alejados de la cama.		
10. (Cocinar) los alimentos a la plancha, al vapor, cocidos o al horno.		

3.1 **En parejas** Ahora escribe los consejos utilizando las diferentes estructuras que ya conoces.

1. ....
2. ....
3. ....
4. ....
5. ....

1. ....
2. ....
3. ....
4. ....
5. ....

Dar consejos

Además del **imperativo**, puedes usar:

- ***Tener que*** + infinitivo
  Tienes que ir al médico ahora mismo. Estás muy acatarrado.
- ***Hay que*** + infinitivo (para dar consejos de manera general)
  *Con el resfriado **hay que beber** agua.*
- ***Deber*** + infinitivo
  ***Debe** usted ir a casa y hacer reposo.*

> Recuerda:
> Estas tres estructuras se usan también para expresar obligación.

- ***Poder*** + infinitivo
  ***Puedes hacer** algo de ejercicio para ayudar a la dieta de adelgazamiento.*

> Recuerda:
> Esta estructura se usa también para expresar posibilidad.

- ***Te/Le recomiendo/aconsejo*** + infinitivo
  ***Te recomiendo tomar** miel con limón para la garganta.*

3.2 **Todo el grupo** Lee lo que les pasa a estas personas y piensa qué consejos puedes darles para solucionar sus problemas.

Últimamente trabajo mucho y no tengo tiempo para estar con mi familia y mis amigos. ¡¡Estoy muy estresada!!

Tengo unos kilos de más y necesito adelgazar, pero por mi trabajo me resulta muy difícil, porque estoy en contacto con la comida continuamente y además me encanta comer.

Mi hijo está enfermo. Tiene mucha fiebre y no sé qué hacer para bajársela.

4 **Todo el grupo** ¿Hay muchas máquinas en tu entorno (casa, barrio, trabajo, escuela...)? ¿Qué máquinas son? ¿Recuerdas alguna de las instrucciones que dan?

4.1 Lee las instrucciones de las siguientes máquinas y complétalas con las frases que te damos. ¿Sabes cómo se llaman en español estas máquinas?

Meta la ropa. | Retire la tarjeta. | Seleccione la bebida. | Teclee su número PIN. | Elija el programa de lavado. | Retire la bebida.

- Introduzca la tarjeta.
- Espere un momento, por favor.
- [1] ....
- Seleccione la operación deseada (sacar dinero, ingresar dinero, consultar saldo...).
- Introduzca el importe.
- [2] ....
- Retire el dinero.

- Abra la puerta.
- [3] ....
- Cierre la puerta.
- [4] ....
- Inserte el importe.
- Pulse el botón "Inicio".

- Introduzca las monedas.
- [5] ....
- Espere mientras se prepara la bebida.
- [6] ....

1. Es un/a ....
2. Es un/a ....
3. Es un/a ....

4.2 **En parejas** Pregúntale a tu compañero/a cómo funcionan las siguientes máquinas y escribe las instrucciones.

Estudiante A

Horno microondas

Instrucciones de uso

....

....

....

Para hacer un café en una cafetera de cápsulas...

- Pulsar el botón de encendido.
- Llenar el depósito de agua.
- Introducir la cápsula.
- Poner la taza.
- Seleccionar el tipo de café (corto o largo).

Estudiante B

Cafetera

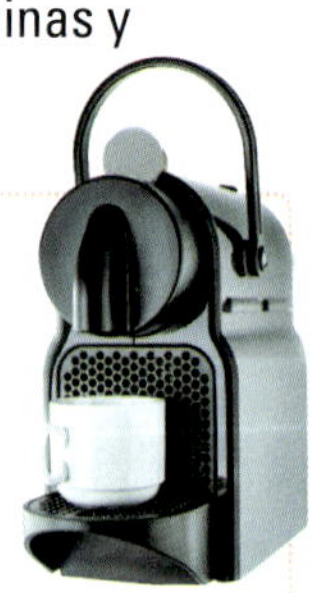

Instrucciones de uso

....

....

....

Para calentar la comida en el microondas...

- Abrir la puerta.
- Meter el alimento.
- Seleccionar la temperatura.
- Seleccionar el tiempo.
- Pulsar el botón de encendido.

5 Fíjate en las siguientes imágenes y marca si la persona pide un objeto, pide un favor o pide permiso.

¿Puedes ayudarme a llevar estas cajas? Es que pesan mucho.

¿Puedo cerrar la ventana? Es que estoy resfriada.

¿Me dejas el cargador? Tengo que cargar la batería.

¿Puedo coger una manzana? Es que tengo mucha hambre.

	Imagen 1	Imagen 2	Imagen 3	Imagen 4
Pide un objeto.	☐	☐	☐	☐
Pide un favor.	☐	☐	☐	☐
Pide permiso.	☐	☐	☐	☐

5.1 **En parejas** Lee estas situaciones y represéntalas con tu compañero/a según la instrucción dada.

Estudiante A

1. Estás en casa de un/a amigo/a. Tienes mucha sed y quieres beber agua.
2. Tu amigo/a necesita un euro para comprar una bebida. Tú no tienes dinero.
3. Tu compañero/a de piso está viendo la tele con el volumen muy alto y tú quieres estudiar.
4. Trabajas en una oficina y una persona te pregunta si puede usar el servicio. Tú aceptas.
5. Trabajas en una biblioteca y tienes que colocar muchos libros en las estanterías. Pide ayuda a tu compañero/a.

Estudiante B

1. Tú y tu amigo/a estáis en tu casa. Tu amigo/a quiere un vaso de agua. Tú aceptas.
2. Quieres sacar un refresco de una máquina de venta automática, pero no tienes monedas. Pide un euro a tu amigo/a.
3. Estás viendo la tele con unos amigos. Tu compañero/a de piso te pregunta si puedes bajar el volumen porque quiere estudiar. Tú aceptas.
4. Estás esperando para hacer una entrevista de trabajo y necesitas ir al servicio porque estás nervioso/a. Pide permiso al recepcionista para ir al servicio.
5. Trabajas en una biblioteca. Tu compañero/a te pide ayuda con los libros. Tú no aceptas porque estás atendiendo al público.

Pedir un favor

- *(Por favor,)* ¿**Puede(s)** + infinitivo?

  *Por favor, ¿**puedes ayudarme** a hacer los deberes?*

Pedir un objeto

- *(Por favor,)* ¿**Tiene(s)** + nombre?
- *(Por favor,)* ¿**Me da(s)/deja(s)/presta(s)** + nombre?

  *¿**Me prestas** un bolígrafo, por favor?*

Pedir permiso

- ¿**Puedo** + infinitivo?

  *¿**Puedo** ir al servicio?*

Aceptar una petición

- **Sí, claro./por supuesto.**
- **Sí,** + imperativo

  ▶ *¿Puedo entrar?*
  ▷ *Sí, **pasa, pasa**.*

Fíjate:
Es habitual repetir el imperativo para conceder permiso.

Denegar una petición

- **No, lo siento, es que...**

  ▶ *¿Me dejas el diccionario? **Es que** el mío está en casa.*
  ▷ ***No, lo siento, es que** estoy usándolo yo ahora.*

Fíjate:
Es muy habitual dar una excusa o una justificación cuando no aceptamos una petición y cuando pedimos algo.

La dieta mediterránea

1 **En parejas** ¿Sabes qué es la dieta mediterránea? Haz con tu compañero/a una lista de los alimentos que hay que consumir en esta dieta.

1.1 Lee el artículo y comprueba tus hipótesis.

¿Qué es?

Es una valiosa herencia cultural que representa mucho más que una dieta nutricional rica y saludable. Es un estilo de vida equilibrado que recoge recetas, formas de cocinar, celebraciones, costumbres, productos típicos y actividades humanas diversas. Se da en los países de la cuenca mediterránea, especialmente en Chipre, Croacia, España, Grecia, Italia, Marruecos y Portugal.

¿Qué beneficios tiene?

Entre las muchas propiedades beneficiosas que esta dieta tiene para la salud, destaca el tipo de grasa que la caracteriza (aceite de oliva, pescado y frutos secos), las proporciones en los nutrientes principales de sus recetas (cereales y vegetales como base de los platos) y la riqueza en micronutrientes que contiene debido a la utilización de verduras de temporada, hierbas aromáticas y condimentos.

La dieta mediterránea es Patrimonio Cultural Inmaterial de la Humanidad desde 2013.

Adaptado de https://dietamediterranea.com

10 CONSEJOS BÁSICOS

1. Utiliza el **aceite** de oliva como grasa principal.
2. Consume alimentos de **origen vegetal** en abundancia: frutas, verduras y frutos secos.
3. El **pan**, la **pasta** y el **arroz** tienen que formar parte de la alimentación diaria.
4. Los alimentos **poco procesados**, frescos y de temporada son los más adecuados.
5. Consume todos los días **productos lácteos**, principalmente yogur y quesos.
6. Come **carne roja** con moderación (mejor en guisos) y las carnes procesadas en cantidades pequeñas (en bocadillos).
7. Consume **pescado** en abundancia y **huevos** con moderación (3 o 4 a la semana).
8. Toma **fruta fresca** de postre y consume dulces y pasteles ocasionalmente.
9. Bebe **agua** (debes tomar entre 1.5 y 2 l al día).
10. Realiza **actividad física** todos los días.

2 **En grupos pequeños** Elabora con tus compañeros un menú para un día siguiendo las recomendaciones de la dieta mediterránea. Tienes que hacer un menú completo: desayuno, media mañana, comida, merienda y cena.

Pirámide de la dieta mediterránea

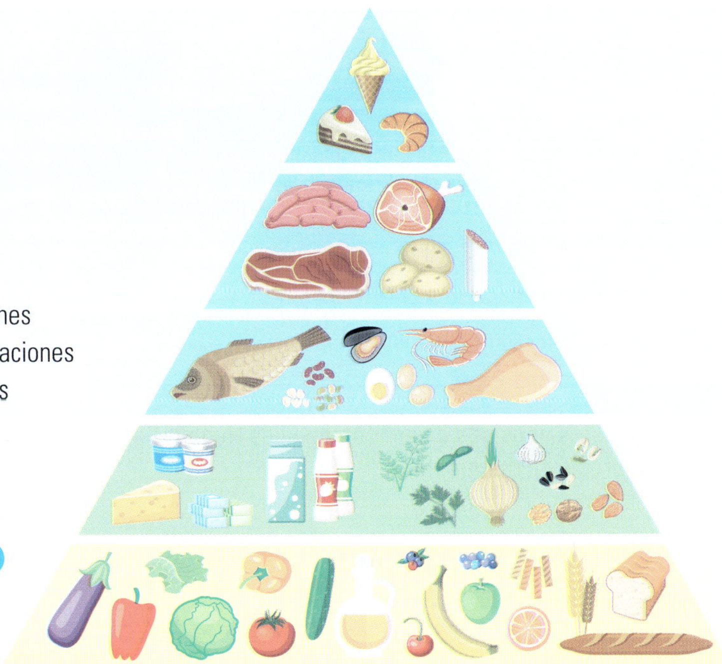

Semanal

dulces ≤ 2 raciones

patatas ≤ 3 raciones
carne roja < 2 raciones
carnes procesadas ≤ 1 ración

carne blanca = 2 raciones
pescado/marisco = 2 raciones
legumbres ≥ 2 raciones

Cada día

lácteos 2 raciones

frutos secos/semillas/aceitunas ≤ 2 raciones
hierbas/especias/ajo/cebolla

En las comidas principales

frutas 1-2 raciones
verduras ≥ 2 raciones

aceite de oliva
pan/pasta/arroz/cuscús/otros cereales 1-2 raciones

Actividad física diaria | Descanso adecuado | Agua e infusiones de hierbas | Productos de temporada, locales y respetuosos con el medioambiente

3 **Todo el grupo** ¿Cómo es tu alimentación? ¿Sigues la dieta mediterránea?

Vídeo

HOSTAL Babel

¿Enferma?

Antes del vídeo

1 **En parejas** Fíjate en esta escena del episodio de hoy. ¿Qué pasa? ¿Cómo se sienten los personajes? Utiliza estos adjetivos para describir su estado de ánimo. Hay un adjetivo que no es adecuado. ¿Cuál?

preocupado/a | enfermo/a | contento/a | nervioso/a | tranquilo/a

2 **En parejas** Teniendo en cuenta las hipótesis anteriores, ¿qué crees que va a pasar en el capítulo de hoy? Discútelo con tu compañero/a.

Durante el vídeo

3 **En parejas** Visiona el primer fragmento del episodio (00:30 ▶ 02:00) y responde a las siguientes preguntas.

Fíjate: ¿Cómo llama Hugo a la comida basura? ....

1. ¿Qué le duele a Leo? ¿Por qué? ....
2. ¿Qué tipo de comida come normalmente Leo? ....
3. ¿Qué alimentos no come Leo nunca? ....

3.1 ¿Quién crees que da estos consejos a Leo? Marca si es Hugo o Carla. Luego visiona el fragmento 01:22 ▶ 02:00 para comprobar tu respuesta.

Hugo		Carla
☐	No debes comer eso.	☐
☐	Tenés que alimentarte bien.	☐
☐	En serio, hacele caso.	☐
☐	Tienes que comer más proteínas y sobre todo mucha verdura.	☐
☐	¡No podés comer solo papas fritas!	☐
☐	Vos hacenos caso y comé bien.	☐

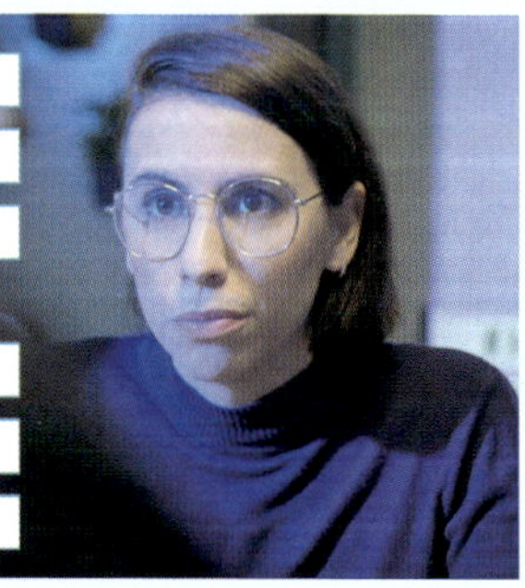

3.2 ¿Qué te ha ayudado a diferenciar los consejos de Carla de los de Hugo? ¿Recuerdas cómo se llama este fenómeno lingüístico? ¿En qué países es más frecuente? ¿Es para un trato formal o informal?

4 **Todo el grupo** Visiona el fragmento 02:00 ▶ 03:23 sin sonido. ¿Qué crees que le pasa a Tere? ¿Qué síntomas tiene?

4.1 **En grupos pequeños** Ahora vuelve a visionarlo sin sonido e imagina con tus compañeros el diálogo que mantienen. Ayúdate de los gestos que hacen los personajes para escribir el diálogo. Luego cada uno de vosotros pone la voz a un personaje y lo representáis.

4.2 **Todo el grupo** Visiona ahora el fragmento con sonido. ¿Qué grupo ha escrito un diálogo más cercano al original?

4.3 **Todo el grupo** Todos están preocupados por Tere y Leo está muy nervioso. ¿Qué cree Leo que hay que hacer con Tere en una situación así? Visiona de nuevo este fragmento y completa las frases.

1. Hay que .... en horizontal.
2. Hay que .... a un médico.
3. Hay que .... con una manta.
4. Hay que .... a Tere al hospital.

5 Visiona el fragmento 03:23 ▶ final. ¿Qué le pasa a Tere en realidad?

1. ☐ Está enferma.
2. ☐ Ha dormido mucho.
3. ☐ Está cansada porque ha estado bailando toda la noche.
4. ☐ Se ha levantado esta mañana muy temprano.

Después del vídeo

6 **En parejas** Hazle el siguiente cuestionario a tu compañero/a.

1. ¿Qué parte del cuerpo te duele con más frecuencia? ....
¿Por qué? ....
2. ¿Qué haces cuando te duele la cabeza? ....
3. ¿Vas al médico con frecuencia? ....
¿Para qué? ....
4. ¿Qué haces cuando tienes fiebre? ....
5. ¿Tienes alergia a algún alimento? ....
¿A cuál? ....
6. Cuando no puedes dormir, ¿qué haces? ....
7. ¿Con qué frecuencia vas al dentista? ....
8. ¿Qué haces cuando una persona se siente mareada y se desmaya? ....
9. ¿Qué haces cuando estás nervioso/a? ....
10. ¿Llevas una dieta equilibrada? ....
¿Qué tomas a diario? ....

Evaluación

1 Lee las definiciones y completa el crucigrama con las partes del cuerpo.

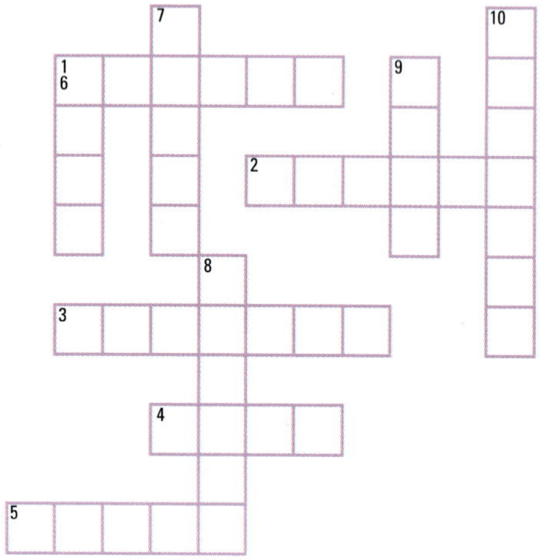

(Horizontal)

1. Los mueves mucho cuando nadas.
2. Te la cubres con un gorro cuando hace frío.
3. Las mueves continuamente cuando montas en bicicleta.
4. Los utilizas para ver.
5. Los niños los usan para decir los años que tienen.

(Vertical)

6. La abres y la cierras para comer.
7. Te pica cuando tienes alergia.
8. Puedes llevar pendientes en ellas.
9. Te duelen cuando llevas zapatos cerrados y andas mucho.
10. Te duele cuando estás mucho tiempo sentado/a.

2 Escribe las instrucciones que representan los iconos para la forma *usted*.

1

....

2

....

3

....

4

....

5

....

6

....

3 Relaciona las palabras de las columnas.

1. Ir...
2. Llamar...
3. Tomar...
4. Ponerse...
5. Lavarse...
6. Beber...
7. Meterse...

a. una crema/una tirita.
b. una aspirina/un jarabe para la tos.
c. la herida con agua y jabón.
d. en la cama.
e. al hospital/al médico/a urgencias.
f. a una ambulancia.
g. un té con limón/leche con miel.

4 Escribe tres consejos usando imperativos para cada una de estas situaciones.

Hacer bien una entrevista de trabajo	Llevarte bien con tus compañeros de piso

5 Lee los siguientes mensajes y relaciónalos con las imágenes.

1. ☐ Por favor, apaguen sus teléfonos móviles, la función va a empezar.
2. ☐ Coja número y espere su turno.
3. ☐ Al salir, tengan cuidado con las puertas.
4. ☐ Lea las instrucciones y, en caso de duda, consulte con su farmacéutico.
5. ☐ ¿Te queda poca batería? Carga aquí tu móvil.
6. ☐ Vamos, chicos, subid despacio y en orden.

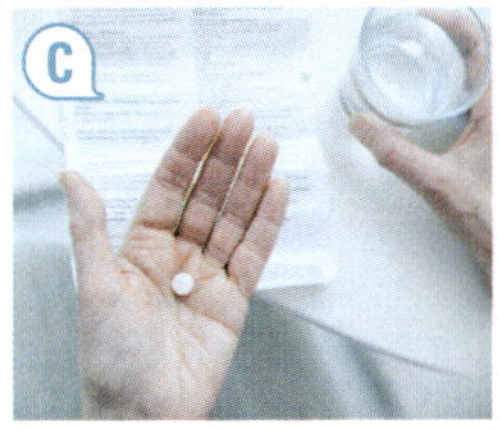

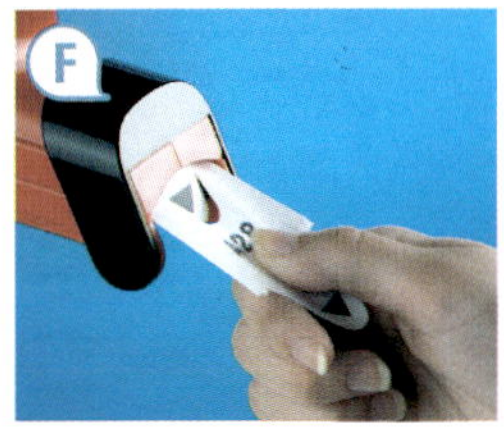

6 Completa estas frases con el imperativo y el pronombre de objeto directo adecuados.

1. ¿Puedo usar tu móvil? Sí, ... (tomar, tú).
2. ¿Podemos abrir las ventanas? Sí, ... (abrir, vosotros).
3. ¿Puedo poner la tele? Sí, ... (poner, tú).
4. ¿Puedes dejarme los auriculares? Claro, ... (coger, tú).

6.1 Ahora escribe los imperativos anteriores en las formas *usted* y *ustedes*.

1. ....
2. ....
3. ....
4. ....

7 Completa las frases según tus reacciones.

1. Cuando estoy nervioso/a, *muevo los pies.*
2. Cuando estoy triste, ...
3. Cuando estoy contento/a, ...
4. Cuando estoy preocupado/a, ...
5. Cuando estoy aburrido/a, ...
6. Cuando estoy cansado/a, ...

8 Vuelve a leer el texto de la dieta mediterránea y contesta a las preguntas.

1. ¿Qué alimentos tienes que comer en las comidas principales del día? ....
2. ¿Cuál de estos alimentos no hay que comer todos los días? ....
   ☐ queso ☐ frutos secos ☐ pescado ☐ cebolla
3. ¿Cuántas veces a la semana puedes comer legumbres? ....
4. ¿Cuántas veces a la semana se puede comer carne roja? ....
5. ¿Puedes comer dulces? ....
6. ¿Qué bebida es recomendable tomar? ....

9 ¿Crees que has aprendido muchas cosas en esta unidad? Escribe...

1. tres palabras relacionadas con la dieta mediterránea:............................;
2. tres palabras del cuerpo humano: ....;
3. tres imperativos irregulares:............................;
4. tres enfermedades:............................;
5. tres síntomas:............................;
6. tres estados de ánimo: ....

Unidad

9 Experiencias vividas

¿Alguna vez has montado en un globo aerostático?

¿Qué cosas interesantes te han pasado este año?

¿Has salido este fin de semana? ¿A dónde?

¿Qué productos compras habitualmente en el supermercado? ¿Cómo están envasados?

¿Conoces Panamá? ¿Sabes dónde está? ¿Para qué sirve el canal de Panamá?

En esta unidad vas a...

- Hablar de acciones terminadas en un tiempo no terminado
- Hablar de experiencias
- Hablar de la existencia o no de algo o de alguien
- Hacer valoraciones
- Conocer lugares insólitos de Hispanoamérica

¿Qué sabes?

1 **Todo el grupo** ¿Cuáles de estas acciones realiza normalmente la gente mayor de tu país? ¿Qué otras cosas hacen?

Ejemplo: *En mi país las personas mayores ven la tele, hacen vida social y también juegan a las cartas, pero no hacen la compra por internet.*

Ver la tele.

Hacer turismo.

Hacer vida social.

Hacer la compra.

Pasear.

Cuidar de los nietos.

2 **Todo el grupo** Lee los siguientes comentarios extraídos de un artículo titulado "Los jubilados del siglo XXI han cambiado su rol en la sociedad". ¿Estás de acuerdo? Coméntalo con tus compañeros.

"Los mayores viven la vejez como una segunda juventud".

"Las personas entre 65 y 75 años se sienten jóvenes y autosuficientes".

"Los jubilados de hoy en día quieren saber y aprender para entender el mundo actual".

"Les gusta hablar con los jóvenes y sentirse útiles; por eso, muchos de ellos colaboran como voluntarios en alguna ONG".

RAE

LÉXICO

- En el español de España se utilizan expresiones como gente mayor, personas mayores o los mayores para referirse a las personas de edad avanzada. Utilizar el adjetivo viejo/a se considera descortés:
  *Entré en el vagón y me senté. A mi lado había un señor **mayor**, de esos que a la primera de cambio te cuentan su vida...*
- En el español de América se usa viejo/a afectuosamente para dirigirse a una persona de confianza:
  *(...) porque cree que su **vieja** es más feliz ahora que le mandó el televisor...*
  También para referirse o llamar al padre o a la madre cariñosamente: *¿Lo sabe tu **viejo**?*

3 **En parejas** Gregorio está jubilado y durante su primer año de jubilación ha cambiado mucho su vida. Fíjate en las fotos y marca las cosas que ha hecho.

1. ☐ Ha empezado a hacer yoga.
2. ☐ Ha colaborado como voluntario en una ONG.
3. ☐ Ha empezado a ir a clase de pilates.
4. ☐ Ha hecho un crucero por el Caribe.
5. ☐ Ha sido abuelo por tercera vez.
6. ☐ Ha participado en una carrera solidaria.
7. ☐ Se ha apuntado a un curso de pintura.
8. ☐ Ha vuelto a la universidad para estudiar Historia, su verdadera pasión.
9. ☐ Ha hecho un safari en Kenia.
10. ☐ Ha hecho un curso de Informática.

Gregorio, 66 años,
profesor de Matemáticas jubilado

3.1 **Todo el grupo** ¿Conoces a alguna persona jubilada? ¿Hace las mismas cosas que Gregorio?

3.2 **Todo el grupo** ¿Qué ha cambiado este año en tu vida?

Ejemplo: ▶ *Pues yo he empezado a aprender español.*
▷ *Yo también. Además, he terminado la universidad.*

Palabras

1 [34] Escucha la conversación entre María y Juan y señala los productos de los que hablan.

Fíjate:

Envases

- una botella de...
- una lata de...
- un paquete de...
- un brik de...
- una bolsa de...
- un bote de...

Medidas

- una/media docena de...
- un/medio litro de...
- un kilo/medio (kilo)/(un) cuarto (de kilo) de...
- 100/200/300... gramos de...
- una barra de pan

1.1 [34] Escucha de nuevo la conversación. ¿Qué productos ha comprado Juan? ¿Qué tiene que comprar?

Ha comprado	Tiene que comprar
2 paquetes de harina	

1.2 **En parejas** ¿Con qué envases o medidas relacionas estas palabras? Puede haber más de una opción.

pasta | azúcar | agua | mermelada | sardinas | zumo
arroz | cebollas | salchichas

1.3 **Todo el grupo** ¿Se envasan estos productos de la misma manera en tu país?

RAE

LÉXICO

Español de América (Puerto Rico, El Salvador, Guatemala, Cuba, Ecuador y Panamá) › libra (una libra equivale a 500 g):
*1/2 **libra** (250 g) de papa criolla; 2 **libras** (1 kilo) de papas; 1 1/2 **libras** (750 g) de carne molida.*

En España la libra equivale a 453 g. Su uso actual es poco frecuente:
*Vendían frutas escarchadas y chocolate en medias **libras** de fabricación propia.*

Español de América (Guatemala, Panamá, Honduras, Nicaragua, El Salvador, Colombia, México...) › galón de agua o leche (un galón equivale a 3.785 litros):
*Pienso ahora en Miller, al que le bastaban diez **galones** de agua, bebidos sin interrupción.*

Español de México › bote: *Le pasó un **bote** de jugo de papaya.*

Español de América (Argentina, Uruguay, Paraguay...) › *sachet* (envase de plástico en forma de bolsa o bolsita):
*Pensé que pronto volvería con un **sachet** de leche.*

Español de México › cartera (envase de 24 huevos), media cartera (envase de 12 huevos):
*Se acerca a la tienda y compra media **cartera** de huevos.*

2 ¿Sabes qué es un banco de alimentos? Esta es la web de un banco de alimentos que quiere hacer una "Gran Recogida de Alimentos" para Navidad. Lee la información y comprueba tu respuesta.

granrecogidadenavidad.com

QUIÉNES SOMOS | GRAN RECOGIDA DE ALIMENTOS | QUIERO DONAR | HAZTE VOLUNTARIO | CONTACTO

¿SABES LO QUE SE PUEDE HACER CON LOS PRODUCTOS Y ALIMENTOS QUE DONAS?
¡NI TE LO IMAGINAS!

Un banco de alimentos es una organización benéfica sin ánimo de lucro que recoge alimentos para donarlos y distribuirlos de manera gratuita entre diferentes entidades benéficas y así dar de comer a personas sin recursos.

Recuerda:

GRAN RECOGIDA DE ALIMENTOS
Zaragoza - 1, 2 y 3 de diciembre

2.1 **Todo el grupo** ¿Hay bancos de alimentos en tu ciudad? ¿Colaboras con ellos? ¿Con qué productos? Cuéntaselo a la clase.

2.2 **En parejas** Clasifica los alimentos de las actividades 1 y 1.2 en la siguiente tabla. Luego compara con tu compañero/a.

Alimentos perecederos	Alimentos no perecederos o en conserva
huevos,	*lata de atún,*

2.3 **En parejas** Ahora vas a elaborar con tu compañero/a una cesta de donación de aproximadamente 20 €. Elige los productos mirando los precios que aparecen en la actividad 1 y algún folleto o página web del supermercado que quieras.

CESTA		20 €
Descripción	**Unidades**	**Precio**
paquete de pasta	*1*	*0.95 €*

2.4 **Todo el grupo** ¿Qué pareja tiene más productos en su cesta? ¿Qué pareja ha elaborado la cesta más variada?

Gramática

1 Pretérito perfecto regular e irregular

- El **pretérito perfecto** de indicativo es un **tiempo del pasado** que se forma con el **presente** del verbo *haber* y el **participio** del verbo principal.
- El **participio regular** de los verbos se forma sustituyendo la terminación *-ar* por *-ado* y las terminaciones *-er* e *-ir* por *-ido*:

	Hablar	Comer	Vivir
yo	**he** hablado	**he** comido	**he** vivido
tú	**has** hablado	**has** comido	**has** vivido
él, ella, usted	**ha** hablado	**ha** comido	**ha** vivido
nosotros/as	**hemos** hablado	**hemos** comido	**hemos** vivido
vosotros/as	**habéis** hablado	**habéis** comido	**habéis** vivido
ellos, ellas, ustedes	**han** hablado	**han** comido	**han** vivido

> Fíjate:
> En los verbos reflexivos, el pronombre se coloca delante del verbo *haber*:
> ***me** he duchado, **te** has perdido, **nos** hemos vestido...*

- Algunos verbos tienen un participio irregular:

abrir	› **abierto**	hacer	› **hecho**	romper	› **roto**
decir	› **dicho**	morir	› **muerto**	ver	› **visto**
escribir	› **escrito**	poner	› **puesto**	volver	› **vuelto**

- Usamos el pretérito perfecto para hablar de **acciones terminadas** en un **pasado no terminado** o para hablar de **experiencias vividas**:

  ***Esta mañana he desayunado** una tostada con aceite de oliva y tomate.* (La acción es pasada, pero el tiempo es presente, pues el día aún no ha terminado).

  ***He ido** a Nueva York **dos veces**.* (Se habla de una experiencia. En este caso no importa cuándo sucede la acción, solo si se ha producido o no).

- Los **marcadores temporales** más usados con pretérito perfecto son:
  - hoy
  - este mes/año/verano/otoño/invierno...
  - esta mañana/tarde/noche/semana/primavera...
  - una vez/x veces
  - alguna vez
  - siempre/nunca

RAE

GRAMÁTICA

En el español de América y en el español de España de las zonas de Galicia, Asturias, parte de León y Canarias es más frecuente el uso del pretérito indefinido en lugar del pretérito perfecto para hablar de acciones terminadas en un tiempo no terminado:

Español de América: *Estoy muy cansado porque esta mañana **salí** de casa muy temprano y no **llegué** hasta las nueve de la noche. **Fue** un día muy largo.*

En el español de España (salvo en las zonas mencionadas anteriormente) se dice: *Estoy muy cansado porque esta mañana **he salido** de casa muy temprano y no **he llegado** hasta las nueve de la noche. **Ha sido** un día muy largo.*

1.1 Conjuga los siguientes verbos en pretérito perfecto en la persona indicada.

1. comprar (él)
2. tomar (ellos)
3. romper (vosotros)
4. leer (ella)
5. ver (nosotros)
6. ser (ella)
7. oír (tú)
8. salir (ellas)
9. abrir (yo)
10. escribir (usted)

1.2 **En parejas** Hazle estas preguntas a tu compañero/a.

1. ¿Cómo (venir, tú) .... a clase?
2. ¿(Ir, tú) .... al cine este mes?
3. ¿(Hacer, tú) .... algún viaje este año?
4. ¿A qué hora (despertarse, tú) .... hoy?

1.3 [35] Escucha y marca lo que ha hecho Alfredo esta semana.

1. ☐ Ha estado en Londres por trabajo.
2. ☐ Ha visto una exposición de fotografía.
3. ☐ Ha comprado los regalos de Navidad.
4. ☐ Ha celebrado el cumpleaños de su hijo.
5. ☐ Ha hecho un examen de alemán.

2 Adjetivos y pronombres indefinidos

- Los indefinidos hablan de la **existencia** o **inexistencia** de personas o cosas. Hacen referencia a una cantidad indeterminada. Pueden acompañar a un nombre (son adjetivos) o ir solos (son pronombres):

	Existencia		Inexistencia	
	Masculino	Femenino	Masculino	Femenino
Singular	*algún* + nombre m. alguno	alguna	*ningún* + nombre m. ninguno	ninguna
Plural	algunos	algunas	ningunos	ningunas

▶ *Antonio, ¿hay **algún problema**?*
▷ *No, **ninguno**. = No, **ningún problema**.*

▶ *¿Hay **alguna chica** rusa en clase?*
▷ *No, en este curso **no** hay **ninguna (chica rusa)**.*

- Además, hay cuatro pronombres indefinidos especiales que se refieren solo a personas y cosas:

	Existencia	Inexistencia
Personas	alguien	nadie
Cosas	algo	nada

▶ *¿Hay **alguien** en casa?*
▷ *No, creo que **no** hay **nadie**.*
▶ *¿Quiere **algo** más?*
▷ *No, gracias, **no** quiero **nada** más.*

Cuando usamos los indefinidos de inexistencia se incluye ***no*** delante del verbo.

Fíjate:
Ningunos/ningunas solo se usan con palabras que se construyen en plural:
Ningunos pantalones me valen.
▶ *¿Tienes unas tijeras?*
▷ *No, lo siento, no tengo **ningunas**.*

2.1 Completa los siguientes diálogos con los indefinidos adecuados.

1. ▶ He ido a la sala de reuniones y no he visto a ....
   ▷ Pues qué raro, porque siempre hay .... a esta hora.
2. ▶ ¿Has hecho .... plan para este fin de semana?
   ▷ No, no, todavía no tengo .... plan.
3. ▶ ¿Has hecho ....esta semana?
   ▷ No, no he hecho ....
4. ▶ ¿Has comprado ya los regalos de Navidad?
   ▷ Sí, he comprado .... regalos, pero aún tengo que comprar más cosas.
   ▶ ¿Y tienes .... idea?
   ▷ Bueno, sí, tengo ....
   ▶ Jo, pues yo no tengo ....

2.2 [36] Ahora escucha y comprueba tus respuestas.

Practica en contexto

1 **En parejas** Hoy Pilar ha tenido un día muy completo. Mira las fotografías y escribe debajo su actividad correspondiente. Luego ordénalas cronológicamente según tu criterio. Trabaja con tu compañero/a.

Comer con los compañeros de trabajo. | Escribir unos informes. | Hablar con su madre por teléfono. | Hacer la compra. | Ir a clase yoga. | Ir al trabajo. | Levantarse pronto. | Pedir una *pizza* para cenar. | Poner el lavavajillas. | Tener una reunión de trabajo. | Ver la televisión. | Volver a casa.

A ☐

....

B ☐

....

C ☐

....

D ☐

....

E ☐

....

F ☐

....

G *1*

Se ha levantado pronto.

H ☐

....

I ☐
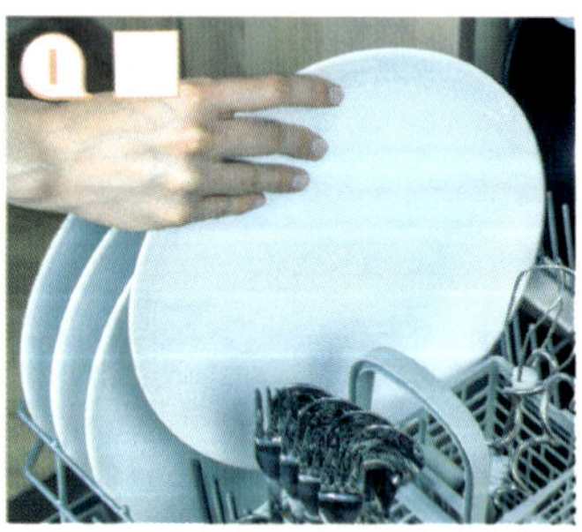
....

J ☐

....

K ☐

....

L ☐

....

1.1 [37] Ahora escucha la conversación entre Pilar y su madre y comprueba tus respuestas anteriores.

1.2 **En parejas** ¿Qué has hecho tú hoy? Escríbelo en un papel y dáselo a tu compañero/a. ¿Habéis coincidido en algunas cosas los dos?

Ejemplo: *Los dos hemos desayunado leche con cereales.*

2 Lee el blog de Ramón y completa la información sobre su fin de semana.

www.elblogderamon.com

SÁBADO 23 PUBLICADO POR RAMÓN VALLEJO A LAS 20:33

¡¡Por fin estoy en Granada!! **Esta ciudad es increíble.** No he parado desde que he llegado. Esta mañana he ido pronto a la Alhambra. **¡Qué bonita!** Esta foto es del famoso Patio de los Leones, que **me ha gustado mucho.** Y la otra es de los Jardines del Generalife. No os pongo ninguna foto del Palacio de Carlos V porque está en obras y no he podido entrar. He terminado la visita a las 3 de la tarde y después he tomado unas tapas en la calle Elvira, que está llena de bares y de gente. ¡He pagado 2 € por un refresco y una hamburguesa! Por la tarde he paseado por el Albaicín, he tomado un té y he hecho fotos de la Alhambra desde el mirador de San Nicolás.
Ya he hablado por teléfono con Jaime (mi amigo de Granada) para concretar los planes de esta noche. Vamos a cenar en su casa y luego vamos a ver un espectáculo de flamenco. Mañana os cuento qué tal...

COMENTARIOS

Amelia: **¡Qué envidia!** Yo estoy encerrada en casa, que tengo examen el martes. ¡Pásalo muy bien!

Carlos: ¿¿¿Solo 2 € por un refresco y una tapa??? **¡Qué barato!**

DOMINGO 24 PUBLICADO POR RAMÓN VALLEJO A LAS 17:14

Escribo esta entrada desde la cafetería de la estación porque he perdido el tren. Además, estoy muy cansado porque no he dormido casi nada. **¡Qué mal!** Al final no he visto el espectáculo de flamenco ni he visitado el Sacromonte, pero **ha sido un fin de semana fantástico.**

COMENTARIOS

Javi: ¿Que has perdido el tren? **¡Qué mala suerte!** Vas a llegar a casa muy tarde, ¿no?

Amelia: **¡Qué pena!** La próxima vez voy contigo y vemos los dos un espectáculo de flamenco ;)

Para hablar de las acciones previstas realizadas, se usa ***ya*** y para hablar de las acciones previstas que no se han realizado, pero que se tiene intención de hacer, se usa ***todavía (no)*** o ***aún (no)***:

Ya he visitado la Alhambra.
Todavía no he visto a tu hermano. (Pero tengo intención de verlo).

Tres cosas que ha hecho	Tres lugares que ha visitado	Tres cosas que no ha hecho

2.1 Lee de nuevo el blog y fíjate en las valoraciones marcadas en negrita que hacen Ramón y sus amigos. Luego clasifícalas en positivas y negativas.

Valoraciones positivas	Valoraciones negativas

Hacer valoraciones

- (No) Me ha gustado mucho.
- Me ha encantado.
- ***Es/Ha sido*** + adjetivo de valoración
  - ▶ *¿Te ha gustado el concierto?*
  - ▷ *Sí, **ha sido increíble**. El cantante es muy bueno.*

2.2 **En grupos pequeños** Piensa en tres cosas que has hecho este mes, esta semana y este fin de semana y cuéntaselo a tus compañeros. Valora lo que ellos dicen.

Otros **adjetivos** para **valorar** son: *(muy) bueno/a, (muy) malo/a, (muy) bonito/a, (muy) divertido/a, increíble, fantástico/a, genial, horrible, terrible...*

Reaccionar valorando

¡Qué bien/mal/(mala) suerte/bonito/envidia/pena/barato/caro!

- ▶ *¡Ay, Dios mío! He perdido el tren...*
- ▷ *¡**Qué** mala suerte!*

3 **En parejas** Hazle la siguiente encuesta a tu compañero/a. ¿Crees que ha vivido suficientes experiencias? ¿Le gusta probar cosas diferentes? Mira los resultados que se dan en la encuesta, ¿coinciden con tu opinión?

Preguntar por las experiencias vividas

Para **preguntar por experiencias vividas** se usa el **pretérito perfecto** y el marcador ***alguna vez***, que puede aparecer en diferentes posiciones dentro de la pregunta:

*¿**Alguna vez** has hablado en público?*
*¿Has hablado **alguna vez** en público?*
*¿Has hablado en público **alguna vez**?*

Para responder

- Se usa el pretérito perfecto y los siguientes marcadores de **frecuencia**:
  - muchas veces
  - algunas veces
  - una vez
  - X veces
  - un par de veces
  - alguna vez
  - nunca

  Cuando usamos ***alguna vez***, hablamos de un número **impreciso** de veces no muy elevado.
- Para hablar de una experiencia que **no se ha tenido**, se usa el marcador *nunca*. Puede construirse de tres maneras:

  ***Nunca** he estado en Tokio.*
  ***No** he estado **nunca** en Tokio.*
  ***No** he estado en Tokio **nunca**.*

	Nunca	Alguna vez	Muchas veces
¿Alguna vez has conducido un coche de lujo?	☐	☐	☐
¿Has estado alguna vez en un espá?	☐	☐	☐
¿Has hecho una cata de vinos alguna vez?	☐	☐	☐
¿Alguna vez has saltado desde un avión?	☐	☐	☐
¿Has buceado alguna vez?	☐	☐	☐
¿Alguna vez has dormido en un castillo o palacio?	☐	☐	☐
¿Has comido en un restaurante con alguna estrella Michelin?	☐	☐	☐
¿Alguna vez has hecho *rafting*?	☐	☐	☐

Mayoría de respuestas "NUNCA"
Parece que no has vivido muchas experiencias... Pero no te preocupes: aún hay tiempo y todo puede cambiar.

Mayoría de respuestas "ALGUNA VEZ"
No está mal, pero aún hay muchas experiencias interesantes que puedes vivir.

Mayoría de respuestas "MUCHAS VECES"
¡Enhorabuena! Eres una persona que ha vivido muchas experiencias. ¡Sigue así!

3.1 **En parejas** ¿Sabes qué son las cajas regalo? ¿Te han regalado alguna? Lee las ofertas de la empresa Regala Experiencias. ¿Cuál es la caja ideal para tu compañero/a según la encuesta anterior?

ESCAPADAS

Hemos seleccionado miles de lugares especiales en España y en Europa para escaparte unos días. Hoteles, castillos, palacios, casas de campo...

Incluye: una o dos noches con desayuno para dos personas en uno de nuestros 230 hoteles.

GASTRONOMÍA

Bares, restaurantes con estrellas Michelin, marisquerías... Tenemos más de 300 lugares para elegir. También puedes hacer una cata de vinos o un curso de cocina.

Incluye: una comida/cena, una cata o un curso para dos personas.

AVENTURA

¿Te apetece saltar en paracaídas, volar en un globo aerostático, hacer submarinismo o conducir un coche deportivo? Elige una de nuestras cajas regalo y desafía tus límites.

Incluye: una experiencia para una, dos o más personas.

3.2 **En grupos pequeños** ¿A qué compañeros de clase les regalarías las otras tres cajas? ¿Por qué? ¿Qué caja es la ideal para ti?

4 Elabora preguntas con las experiencias de la tabla. Sigue el modelo.

Experiencias	Preguntas	Nombre	N.º de veces
1. Alquilar un coche.	*¿Alguna vez has alquilado un coche?*		
2. Trabajar en un país extranjero.			
3. Ganar un premio o concurso.			
4. Enamorarse.			
5. Tener un accidente.			
6. Volver a casa más tarde de las seis de la mañana.			
7. Viajar a un país latino.			
8. Decir "te amo".			
9. Romper un objeto de valor.			
10. Ver una ópera.			
11. Abrir un regalo de otra persona.			

¿Necesitas un descanso? Disfruta de un masaje oriental o de una terapia con chocolate o haz un circuito termal. Vive una de las más de 600 experiencias en espás, balnearios y centros de belleza. Revitaliza tu cuerpo y relaja tu mente.

Incluye: un pase al espá o balneario o un masaje para dos personas.

4.1 **Todo el grupo** Levántate y hazles estas preguntas a tus compañeros para saber quién ha vivido estas experiencias y cuántas veces. Completa el resto de la tabla. ¿Quién ha vivido más experiencias?

Lugares

1 **Todo el grupo** ¿Has estado en algún país de Hispanoamérica? ¿Conoces algún lugar insólito de esta parte del mundo? Coméntalo con tus compañeros.

1.1 Aquí tienes tres lugares insólitos de Hispanoamérica. Lee los textos y relaciónalos con las imágenes. Hay una imagen que sobra. ¿Cuál es? ¿Conoces este lugar? ¿Sabes cómo se llama y dónde está?

El Salar de Uyuni, *un desierto de sal*

Con una extensión de casi once mil kilómetros cuadrados, el Salar de Uyuni se encuentra a una altura de 3663 metros sobre el nivel del mar. Esta rareza geográfica se debe a la desecación de unos lagos prehistóricos que han dejado sus depósitos ricos en sal. Es la mayor reserva de litio del mundo y un sitio ideal para los amantes de la fotografía.

1

Vinicunca, *la montaña de los siete colores*

Es una montaña que está en los Andes de Perú, en la región de Cuzco, con una altitud de 5200 metros. Sus increíbles colores se deben a los minerales del suelo. La mejor época del año para visitarla es en agosto, ya que es estación seca y los colores destacan más.

2

Cenotes, *depósitos de agua dulce*

Son pozas de agua cristalina que existen en pocos lugares del mundo. La península de Yucatán contiene la mayor extensión de cenotes, con aproximadamente unos seis mil distribuidos en su territorio. Los cenotes eran la fuente de agua de los antiguos mayas, quienes además los consideraban la entrada al inframundo. Gracias a los cenotes se ha desarrollado el buceo arqueológico y, como consecuencia, se han encontrado tesoros arqueológicos y restos de animales prehistóricos de incalculable valor: elefantes, mastodontes, tigres dientes de sable y armadillos gigantes.

3

4

insólitos de Hispanoamérica

Isla de Capurganá

Desierto de Atacama

Aconcagua

Mapa de Centroamérica

2 Completa este test para comprobar cuánto sabes de Hispanoamérica.

1. La capital más alta del mundo es...
   a. Quito.
   b. Lima.
   c. La Paz.
2. El segundo exportador mundial de flores es...
   a. México.
   b. Colombia.
   c. Guatemala.
3. ¿Cuál de estos países no tiene ejército?
   a. Costa Rica.
   b. Cuba.
   c. Nicaragua.
4. ¿Cuál de los siguientes países es uno de los principales exportadores mundiales de esmeraldas?
   a. Panamá.
   b. Colombia.
   c. Cuba.
5. Una de las mayores obras de ingeniería del mundo es...
   a. Machu Picchu.
   b. Las pirámides de Tikal.
   c. El canal de Panamá.
6. ¿Cuál es el país más pequeño de Centroamérica?
   a. Honduras.
   b. Costa Rica.
   c. El Salvador.
7. Uno de los glaciares más espectaculares del mundo está en...
   a. Chile.
   b. Cuba.
   c. Argentina.
8. La isla de Pascua, también conocida como Rapa Nui, pertenece a...
   a. Chile.
   b. Ecuador.
   c. Perú.
9. El Aconcagua, la montaña más alta de América, se encuentra en...
   a. Perú.
   b. Argentina.
   c. Chile.
10. El desierto más seco del mundo, el desierto de Atacama, está en...
    a. Chile.
    b. Perú.
    c. Bolivia.

2.1 **Todo el grupo** Corrige el test con toda la clase. ¿Cuántas preguntas has acertado?

HOSTAL Babel

Cajas y cajas y cajas...

Antes del vídeo

1 **En parejas** Cuando alguien dice que ha tenido "un día de locos", ¿cómo crees que ha sido su día? Para saberlo, relaciona las imágenes con las frases que te damos.

a. Se ha levantado tarde.
b. Ha perdido el autobús.
c. Ha tenido una reunión muy larga.
d. Ha comido muy rápido en el trabajo.
e. Se ha tirado el café encima.
f. Se ha estropeado el autobús.

Durante el vídeo

2 **En parejas** Visiona el primer fragmento del episodio (00:30 ▶ 01:29) y responde a las siguientes preguntas.

1. ¿Por qué llega tarde Leo?
2. ¿Qué toma Leo?
3. ¿Qué toma Carla?
4. ¿A quién están esperando?
5. ¿Qué van a hacer los tres?

Nota cultural

En Argentina hay dos formas de tomar la yerba mate: una es con una bombilla y un mate (que son la caña y el recipiente, respectivamente) y la otra es como una infusión normal, generalmente en bolsita. A esta última forma se la llama *mate cocido*.

2.1 ¿Alguna vez has tomado mate? ¿Dónde? Cuéntaselo a la clase.

3 Visiona el fragmento 01:35 ▶ 03:24 y elige la opción correcta.

1. ¿Dónde ha estado Leo?

a. 
b. 
c. 

2. En las cajas que Leo ha cargado y ha descargado en el almacén hay...

a. 
b. 
c. 

3. ¿Dónde ha estado Carla?

a. 
b. 
c. 

4 Lee lo que ha hecho Tere hoy. Después visiona el último fragmento del vídeo (03:24 ▶ final) y ordena las frases.

- ☐ Ha vuelto a su casa para cambiarse de ropa y ha cogido otra vez un autobús para ir a la cafetería.
- ☐ La ha llamado su madre y han estado hablando mucho tiempo.
- ☐ El autobús se ha estropeado y ha tenido que esperar al siguiente.
- ☐ Ha tenido una reunión con su profesor y ha estado en su despacho una hora.
- ☐ Ha tenido clases toda la mañana.
- ☐ Ha ido a la biblioteca porque necesitaba unos libros.
- ☐ Ha perdido el autobús y ha tenido que ir corriendo a su casa.
- ☐ Ha cogido un café de la máquina y se le ha caído encima.
- ☐ Se ha preparado la comida y ha tenido que comer muy rápido.

Después del vídeo

5 **En parejas** Ahora que ya conoces el día que ha tenido Tere, imagina con tu compañero/a cómo ha sido el día de Carla y escríbelo en el cuaderno.

6 **En grupos pequeños** ¿Y tú? ¿Has tenido hoy un día de locos como Tere o ha sido un día tranquilo? ¿Cómo son normalmente tus días? Cuéntaselo a tus compañeros de grupo.

Evaluación

1 Observa la fotografía y di qué productos hay en esta caja solidaria de alimentos.

Una botella de agua, ...

....

....

....

....

....

....

2 Completa la información de este anuario del banco de alimentos conjugando los verbos en pretérito perfecto.

Nuestros datos de este año

- *Hemos distribuido* 20 599 436 kilos de alimentos.
- [1] .... (Ayudar, nosotros) a 190 696 personas.
- [2] .... (Repartir, nosotros) diariamente 90 000 kilos de alimentos.
- 335 empresas de la industria de la alimentación [3] .... (donar) alimentos.
- 260 colegios [4] .... (participar) en la Operación Kilo.
- 410 empresas [5] .... (colaborar) en la Gran Recogida de Alimentos.
- 400 voluntarios [6] .... (trabajar) en nuestro banco de alimentos.
- 22 500 voluntarios [7] .... (cooperar) en la Gran Recogida.

3 Escribe un correo electrónico contando a un amigo lo que has hecho hoy.

De: **Para:** **Asunto:**

4 Relaciona cada frase con su valoración correspondiente.

1. ¿Te ha gustado la película?
2. ¿Qué tal tu vuelo?
3. He suspendido el examen.
4. He comprado un billete de avión por 10 €.
5. ¿Has terminado ya el libro?
6. ¡Me ha tocado la lotería!

a. Sí, pero no me ha gustado mucho.
b. ¡Qué pena!
c. ¡Qué barato!
d. Ha sido horrible. Hemos tenido muchas turbulencias.
e. ¡Qué suerte!
f. Me ha encantado. Es muy buena.

5 Observa el billete de tren de Ramón y responde a las siguientes preguntas.

Núm. Billete: 2787600281177

Localizador: V2TWL3	Tarifa PROMO	renfe
Salida	Valencia - Joaquín Sorolla	08:15
Llegada	Madrid - Puerta de Atocha	09:55
AVE	05161	Turista
Coche	7	Plaza: 04C
		Total: 21.95€

Cierre del acceso al tren 2 minutos antes de la salida

1. ¿A dónde ha llegado y a qué hora?
2. ¿De dónde ha salido y a qué hora?
3. ¿Cómo se llama la estación de origen?
4. ¿Cómo se llama la estación de destino?
5. ¿En qué coche ha viajado? ¿En qué asiento?
6. ¿Cuánto ha pagado por el billete?

Recuerda que para hablar del origen utilizamos la preposición ***de*** y para hablar del destino la preposición ***a***. También usamos ***a*** para hablar de la hora.

6 Escucha la conversación entre dos compañeros de trabajo que hablan sobre lo que han hecho este fin de semana y señala qué actividades ha realizado cada uno.

[38]

1. Ha estado con su familia. .... P C
2. Ha visitado a unos amigos. .... P C
3. Ha visitado la mezquita. .... P C
4. Ha montado a caballo. .... P C
5. Ha estado en Córdoba. .... P C
6. Ha descansado. .... P C
7. Ha visto los patios de flores. .... P C
8. Ha comido tapas. .... P C
9. Ha paseado por la sierra. .... P C
10. Ha estado en un pueblo. .... P C

Patio de flores (Córdoba)

7 Escribe frases según tus experiencias vividas o no.

Ejemplo: *He viajado en avión muchas veces.*

1. .... muchas veces.
2. .... una vez.
3. .... un par de veces.
4. Nunca ....

8 Contesta a las siguientes preguntas sobre el apartado de cultura.

1. ¿Qué metal podemos encontrar en abundancia en el Salar de Uyuni?
2. ¿A cuántos metros sobre el nivel del mar se encuentra el Salar de Uyuni?
3. ¿Cuál es la mejor época para visitar Vinicunca?
4. ¿Cuántos metros mide la montaña Vinicunca?
5. ¿En qué parte de México existe un mayor número de cenotes?
6. ¿Qué animales prehistóricos se han encontrado en estos cenotes?

Unidad

10 Fin de trayecto

¿Qué haces normalmente en el país donde estudias español?

¿Cómo es la gente con la que convives?

¿Qué cosas diferentes has hecho últimamente?

¿Conoces la receta de algún plato típico de otro país? ¿Cuál?

¿Quieres viajar a algún país de Hispanoamérica?

En esta unidad vas a. . .

- Hablar de acciones cotidianas, de experiencias pasadas y de planes y proyectos futuros
- Describir personas
- Dar instrucciones
- Expresar necesidad y obligación
- Conocer Colombia

¿Qué sabes?

1 **En grupos pequeños** Vamos a jugar y a comprobar cuánto has aprendido a lo largo del nivel A1. Tu profesor/a te va a explicar cómo se juega.

SALIDA

1 Di cuántos años tienes.

2 ¿Dónde trabaja un/a farmacéutico/a?

3 ¿Cómo se deletrea Chichicastenango?

4 ¿Cuál es tu correo electrónico?

27 ¿Qué hora es?

28 VUELVE A TIRAR EL DADO

29 Di una cosa que te encanta.

30 Di una cosa que no te gusta nada.

31 Nombra dos lugares de interés que hay en Bilbao y qué se puede hacer ahí.

26 De aquí y de allá: ¿Cómo se dice en Hispanoamérica teléfono móvil?

47 Di una instrucción que puedes leer en un cajero automático.

48 De aquí y de allá: ¿Cómo se dice en Hispanoamérica salón?

49 VUELVE A TIRAR EL DADO

50 Pide un favor a un compañero de la clase.

25 Di una cosa que no haces nunca.

46 Nombra tres productos que puedes encontrar en una máquina de venta automática.

LLEGADA

58 De aquí y de allá: ¿Cómo se dice en Hispanoamérica coche?

57 Di una cosa que no has hecho nunca.

24 Di tres cosas que haces normalmente.

45 Di tus planes para el fin de semana.

44 ¿En qué ciudad estás si paseas por las Ramblas?

43 Nombra dos animales que puedes ver en el parque nacional Canaima (Venezuela).

42 PIERDES UN TURNO

23 ¿Cuál es el horario de la escuela donde estudias español?

22 ¿Cuándo es tu cumpleaños?

21 VUELVE A LA CASILLA DE SALIDA

20 Di los meses del año.

19 Di los días de la semana.

5 De aquí y de allá: ¿Cómo se dice en Hispanoamérica camarero/a?

6 Lee este número: 4715100

7 AVANZA 2 CASILLAS

8 Describe tu barrio.

9 Di tres cosas que te gusta hacer cuando viajas.

32 Nombra tres tapas que puedes pedir en un bar de España.

33 Di tres bebidas que puedes pedir en un bar.

34 Pide el menú del día: un primero, un segundo, un postre y una bebida.

35 AVANZA 2 CASILLAS

10 Di cómo vas a tu escuela/trabajo.

51 Levántate y apaga la luz.

52 Pide permiso a tus compañeros para hacer algo.

53 Di tres estados de ánimo.

36 ¿Qué tienes que decir cuando quieres pagar en un restaurante?

11 ¿Dónde prefieres alojarte cuando viajas?

56 PIERDES UN TURNO

55 Di el nombre de tres envases.

54 Di tres cosas que has hecho hoy.

37 De aquí y de allá: ¿Cómo se dice en Hispanoamérica patatas?

12 Nombra un monumento que te gusta mucho y di dónde está.

41 Di tres cosas que necesitas para ir de excursión a la montaña.

40 Di una cosa que quieres hacer esta semana.

39 Propón un plan a tus compañeros para este fin de semana.

38 Da dos consejos para aprender bien español.

13 Describe el físico y el carácter de un miembro de tu familia.

18 De aquí y de allá: ¿Cómo se dice en Hispanoamérica zapatillas?

17 ¿Qué está haciendo tu profesor/a en este momento?

16 ¿Qué ropa llevas hoy?

15 Nombra tres personajes famosos del mundo hispano y di sus profesiones.

14 VUELVE A TIRAR EL DADO

Palabras

1 **En parejas** Resuelve el siguiente crucigrama.

1

2

3

4

5

6 Vertical

6 Horizontal

7

8

9

10

11

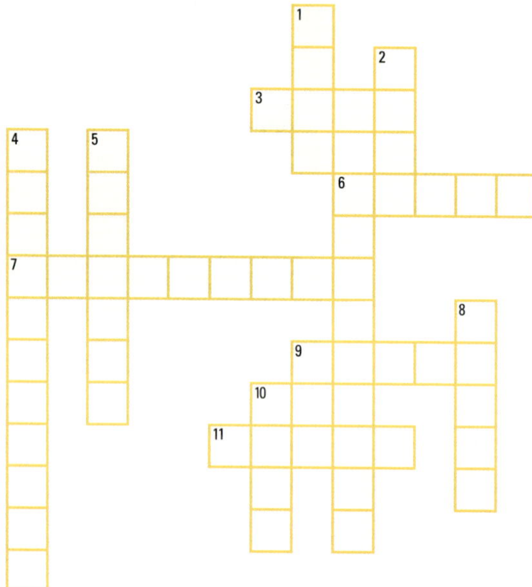

RAE

LÉXICO

Español de España y América › tarta/pastel :
*De postre una **tarta** de almendras excelente.*
*Allí estaba mi madre, haciendo un **pastel** que olía delicioso y cantando.*
Español de América › torta : *La **torta** de boda tiene cuatro enormes pisos.*
Español de Honduras › queque : *Eliminar galletas dulces, **queques**...*

Español de España › tapa : *Pasear por la ciudad y pararse a tomar unas **tapas** en alguno de los bares que han hecho de estas todo un arte.*
Español de América › botana :
*Para abrir el apetito te presentamos esta gran variedad de **botanas**.*

Español de España › zumo :
*Jamás prueba el alcohol, solo agua y **zumo** de naranja.*
Español de América › jugo : *Sobre una mesa con mantelito blanco hay vasos con **jugo** de naranja, platos con huevos cocidos, panes tostados y tazas de café.*

Español de España › sándwich :
*Anda, corre, ve a la cocina, por si ya están los **sándwiches** de la mesa 3.*
Español de América › emparedado : *Primero tomaron café, aparecieron algunos **emparedados**, masas frescas de hojaldre, frutas...*

1.1 **En parejas** Combina las palabras de la actividad anterior con las palabras que te damos. Compara los resultados con tu compañero/a.

1. botella de ....
2. taza de ....
3. ración de ..../..............
4. .... asado
5. .... de chocolate
6. .... de naranja
7. .... de jamón
8. .... de verduras
9. ..../.............. a la plancha
10. .... con queso

2 [39] Escucha la siguiente conversación entre dos amigos y completa la información de la tabla.

Carácter	
Gustos	

2.1 **En parejas** Observa las fotografías y busca las diferencias. Sigue el ejemplo. Luego compara con tu compañero/a.

Foto 1

Pablo lleva corbata y Mario no.

Foto 2

2.2 [39] Escucha de nuevo la primera parte de la audición y di si las frases son verdaderas o falsas. Corrige los errores.

1. Los hermanos de Julia son Pablo, Mario, M.ª Luisa y Carla. .... V F
2. El tío de Pablo y Mario se llama Juanjo. .... V F
3. Juanjo es el hermano del padre de Julia. .... V F
4. Clara es la madre de M.ª Luisa y Carla. .... V F
5. No se sabe si Juanjo es mayor o menor que el padre de Julia. .... V F
6. Clara es la hermana mayor de la madre de Julia. .... V F

3 **En parejas** Ordena las letras para obtener doce palabras del cuerpo humano.

1. Z-A-B-E-C-A › ....
2. P-I-N-A-E-R-S › ....
3. O-S-J-O › ....
4. R-A-N-Z-I › ....
5. N-M-A-S-O › ....
6. O-C-B-A › ....
7. S-P-L-A-E-A-D › ....
8. J-A-S-O-E-R › ....
9. S-I-P-E › ....
10. E-C-H-O-P › ....
11. U-E-L-L-C-O › ....
12. D-D-O-E-S › ....

Gramática

1 Presente de indicativo: verbos irregulares (repaso)

e > ie Querer	o > ue Poder	u > ue Jugar	e > i Repetir
qu**ie**ro	p**ue**do	j**ue**go	rep**i**to
qu**ie**res	p**ue**des	j**ue**gas	rep**i**tes
qu**ie**re	p**ue**de	j**ue**ga	rep**i**te
queremos	podemos	jugamos	repetimos
queréis	podéis	jugáis	repetís
qu**ie**ren	p**ue**den	j**ue**gan	rep**i**ten

Irregulares en la persona *yo*		Irregularidad propia: Ser	Estar	Ir
hago	**doy**	**soy**	**estoy**	**voy**
salgo	**estoy**	**eres**	**estás**	**vas**
pongo	**sé**	**es**	**está**	**va**
veo	**conozco**	**somos**	estamos	**vamos**
		sois	estáis	**vais**
		son	**están**	**van**

Recuerda que algunos verbos tienen una **doble irregularidad**:

Tener	Venir
tengo	**vengo**
t**ie**nes	v**ie**nes
t**ie**ne	v**ie**ne
tenemos	venimos
tenéis	venís
t**ie**nen	v**ie**nen

1.1 [40] Escucha el audio y anota los verbos. ¿Cuáles son irregulares? Clasifícalos en la tabla según su irregularidad.

e > ie	o > ue	e > i	Primera persona	Totalmente irregulares

2 *Ser, estar, tener, hay* (repaso)

- Se usa *ser* para decir la **profesión** y la **nacionalidad** y **describir** personas, lugares y objetos.
- Se usa *estar* para **localizar** personas, objetos y lugares en el espacio y hablar de los **estados de ánimo**.
- Se usa *tener* para decir la **edad**, expresar **posesión** y **pertenencia** y **describir** personas **físicamente**.
- Se usa *hay* para hablar de la **existencia** de algo.

2.1 Lee la biografía de José Andrés y completa con los verbos *ser, estar, tener* o *hay.*

José Andrés [1] .... un famoso cocinero español, que desde 2013 [2] .... también estadounidense. [3] .... casado y [4] .... tres hijas.

Su primer restaurante, Jaleo, [5] .... amplio, moderno y alegre y [6] .... en Washington D. C. En su carta [7] .... todo tipo de tapas y raciones (croquetas, patatas bravas, pulpo a la gallega, tortilla de patatas...).

José Andrés [8] .... más de 20 locales en Estados Unidos. En sus restaurantes [9] .... mucha variedad de platos, desde las tapas españolas hasta platos de las cocinas griega, turca, libanesa, mexicana... Su restaurante Minibar [10] .... dos estrellas Michelin.

José Andrés [11] .... una persona alegre, sociable y divertida. Además, [12] .... muy contento de ser un embajador de la cocina española en Estados Unidos.

2.2 **En grupos pequeños** Piensa en un día normal de la vida de José Andrés y di cómo crees que es: cuándo se despierta, cuándo empieza a trabajar, qué hace después de trabajar...

3 Imperativo (repaso)

- Las irregularidades del imperativo son las mismas que las del presente: e › ie: *despierta* (tú); o › ue: *duérmase* (usted); e › i: *pidan* (ustedes)
- Recuerda que la persona *vosotros/as* es siempre regular.
- Usamos el imperativo para **dar instrucciones**, **órdenes** y **consejos**.

RAE GRAMÁTICA

- En zonas voseantes de América, el imperativo tiene una forma propia para la persona vos *(hablá, bebé, abrí, empezá, volvé, elegí, sé, tené, hacé, poné, vení, salí, decí...)*:
  Empezá vos, por favor./Comé, comé, está muy bueno.
- El verbo *ir* (imperativo *ve*) no suele utilizarse y se usa andá *(andar)*:
  Andá que es tarde.

3.1 **En parejas** ¿Sabes el significado de estos verbos? Completa la receta usando la forma *tú* del imperativo.

cortar (2) | añadir (2) | rallar | cocinar | pelar | echar | calentar | freír

Ingredientes

Para la salsa brava:

4 tomates grandes maduros
2 cucharadas de aceite de oliva
1 cucharadita de azúcar
½ cucharadita de pimentón
¼ cucharadita de cayena
1 cucharadita de vinagre
sal

Para las patatas:

2 tazas de aceite de oliva
½ kilo de patatas

Elaboración

Para la salsa brava, [1] .... los tomates por la mitad y [2] ....los. [3] .... el aceite de oliva en una sartén y [4] .... el tomate rallado, el azúcar, el pimentón y la cayena. [5] .... los durante 10 minutos aproximadamente. [6] .... el vinagre y la sal.
Para las patatas, [7] .... las patatas, [8] ....las en cubos y [9] ....las en aceite de oliva. [10] .... la salsa sobre las patatas fritas.

RAE LÉXICO

Español de España › patata :
*Alrededor del pollo se ponen las **patatas**, el tocino y las cebollitas, colocándolos encima del pollo.*
Español de América › papa :
*Voy a asar carne de puerco con **papas**.*

4 Estructuras con infinitivo y gerundio (repaso)

- Hay algunas estructuras verbales que se construyen con infinitivo y que tienen diferentes significados:
  - **Obligación** o **necesidad** › *tener que, hay que*: *Tengo que terminar los deberes esta tarde.*
  - **Planes**, **proyectos** e **intenciones** › *ir a, pensar*: *Mañana pensamos ir al campo.*
  - **Deseos** › *querer*: *Queremos comprarnos un piso en Madrid.*
  - **Consejos** y **sugerencias** › *tener que, hay que, poder*: *Tienes que ir al médico.*
  - **Posibilidad** › *poder*: *Con un diccionario online puedo buscar las palabras más rápido.*
- Para expresar una **acción en desarrollo** usamos *estar* + gerundio:
  Estoy estudiando porque mañana tengo un examen.

4.1 [41] Escucha los siguientes diálogos y fíjate en las estructuras verbales que se usan. ¿Qué expresan? Escribe el número del diálogo en su lugar correspondiente.

☐ Deseos. ☐ Intenciones. ☐ Consejos y sugerencias. ☐ Obligación.
☐ Acción en desarrollo. ☐ Posibilidad. ☐ Planes, proyectos. ☐ Necesidad.

Practica en contexto

Instagram

152 Me gusta
JoséLuis #Rascacielos de #Bocagrande. Aquí vivo ahora. Es la zona más moderna de la ciudad, aunque no tiene el encanto del centro histórico...

1 José Luis está haciendo prácticas en un hotel. Estas son las fotos que ha publicado en su cuenta de Instagram. ¿Sabes en qué país está? Busca información en internet con ayuda de los comentarios.

174 Me gusta
JoséLuis Calle típica del centro histórico. Pasear por aquí es viajar al pasado #ArquitecturaColonial

93 Me gusta
JoséLuis El baluarte de Santo Domingo, al lado del mar. Las vistas al #Caribe desde aquí son espectaculares #CiudadAmurallada

228 Me gusta
JoséLuis #Gertrudis delante de la iglesia de Santo Domingo. ¡Me encantan las esculturas de #Botero!

202 Me gusta
JoséLuis Vista de la ciudad con la iglesia de San Pedro Claver y Bocagrande al fondo #MeGustaEstaCiudad

306 Me gusta
JoséLuis Desayunando el mejor café del mundo con la mejor compañía. #TeQuiero #feliz

1.1 Lee el siguiente correo electrónico y completa la información.

De: José Luis Para: Conchita, Alfonso, Carolina

¡Hola, amigos!
¿Qué tal estáis por allí? Yo aquí muy bien, como podéis ver en Instagram. 😉
Candela ha llegado hoy a Cartagena y estoy muy feliz.
Bueno, ya tengo móvil colombiano (+57 31 860 05 33) y esta semana he encontrado casa. Es un apartamento muy bonito que está muy cerca de la oficina.
En el trabajo todo bien. Mis compañeros son muy simpáticos y me han ayudado mucho a adaptarme a la ciudad. Después del trabajo normalmente paseo por la ciudad para conocerla un poco más, salgo con mis compañeros, voy a la playa y, cuando no estoy muy cansado, salgo a cenar fuera para probar la comida colombiana, que me encanta.
Ya he visitado un par de veces el centro histórico, que está a 45 minutos andando de casa. Esta semana también he estado en el Museo Histórico de Cartagena y en la iglesia de San Pedro Claver, que es preciosa.
Mañana y el viernes, después del trabajo, voy a enseñarle a Candela un poco la ciudad. Y el fin de semana vamos a ir a la isla de Providencia.
Mañana voy a comprar unas gafas y unas aletas, porque me han dicho que en Providencia puedes hacer submarinismo. ¡Qué emoción! Nunca he buceado y estoy deseando hacerlo...
Tengo que dejaros. Candela quiere salir a cenar, que tiene hambre. Esta noche voy a llevarla a cenar al restaurante Bohemia, un restaurante que fusiona la cocina colombiana con la del sur de Europa. Me lo han recomendado mis compañeros de trabajo. Después vamos a bailar salsa.
¡Azúcar! 😂
Prometo escribiros pronto.
Besos y abrazos,
JL

Hablar del presente, pasado y futuro

- Para hablar de **acciones habituales** utilizamos el **presente de indicativo**:

  *Después del trabajo **normalmente paseo** por la ciudad, **salgo** con mis compañeros, **voy** a la playa y, cuando no estoy muy cansado, **salgo** a cenar fuera.*

- Para hablar de **acciones pasadas** en un periodo de tiempo no terminado o relacionado con el presente, usamos el **pretérito perfecto de indicativo**:

  *Candela **ha llegado hoy** a Cartagena.*

- Para hablar del **futuro** utilizamos la estructura ***ir a*** + **infinitivo**:

  ***Mañana voy a comprar** unas gafas y unas aletas.*

Marcadores temporales

- **De acciones habituales**: *siempre, (casi) todos los días, normalmente, a veces, nunca...*
- **De pasado reciente**: *hoy, este año, esta semana, alguna vez, nunca...*
- **De futuro**: *esta noche, mañana, este fin de semana, la próxima semana, el año que viene...*

Encuentra en el texto...

1. una cosa que le gusta de Colombia. ....
2. una cosa que nunca ha hecho. ....
3. un lugar que va a visitar. ....
4. dos cosas que necesita para la excursión del fin de semana. ....
5. dos planes que tiene para esta noche. ....
6. dos estados de ánimo. ....
7. tres lugares de interés donde ya ha estado. ....
8. cuatro cosas que hace normalmente. ....

La isla Providencia desde Cayo Cangrejo

RAE

GRAMÁTICA

Recuerda que en el español de América y en el español de España de las zonas de Galicia, Asturias, parte de León y Canarias, es más frecuente el uso del pretérito indefinido en lugar del pretérito perfecto para hablar de acciones terminadas en un tiempo no terminado.

Español de América: *Estoy muy cansado porque esta mañana **salí** de casa muy temprano y no **llegué** hasta las nueve de la noche. **Fue** un día muy largo.*

En el español de España (salvo en las zonas mencionadas anteriormente) se dice: *Estoy muy cansado porque esta mañana **he salido** de casa muy temprano y no **he llegado** hasta las nueve de la noche. **Ha sido** un día muy largo.*

1.2 **En grupos pequeños** Elige a dos compañeros y hazles este pequeño cuestionario sobre su vida en la ciudad donde estudian español. Toma notas. ¿En qué coinciden?

Pregúntales a tus compañeros por…

- Tres cosas que hacen normalmente en la ciudad donde estudian español.
- Dos lugares donde han estado esta semana.
- Un lugar que quieren visitar.
- Un plan que tienen para esta noche.
- Una cosa que tienen que comprar.
- Una cosa que les gusta de su país y una que no les gusta.
- Un plan para hacer el fin de semana.

2

[42]

Escucha estos anuncios sobre diferentes excursiones y visitas que se pueden hacer en Cartagena de Indias y elige la opción correcta.

Monumento a los Zapatos Viejos, cerca del Castillo San Felipe de Barajas

1. El paseo por las murallas de La Heroica es el plan ideal para…
   a. turistas que quieren conocer la gastronomía.
   b. turistas que quieren conocer los museos de la ciudad.
   c. turistas que quieren conocer el pasado de la ciudad.
2. La excursión de buceo en Barú no incluye…
   a. el transporte.
   b. la comida.
   c. el equipo de buceo.
3. Las islas del Rosario están a…
   a. 16 kilómetros de Cartagena.
   b. 26 kilómetros de Cartagena.
   c. 46 kilómetros de Cartagena.
4. La visita gastronómica por Bazurto cuesta…
   a. 200 000 pesos por persona.
   b. 200 pesos por persona.
   c. 20 000 pesos por persona.
5. Los horarios de la chiva son…
   a. de 6:00 h a 16:00 h.
   b. de 8:00 h a 16:00 h.
   c. de 8:00 h a 18:00 h.

Cabañas en las playas de Barú

Turistas montando en una chiva

2.1 **En grupos pequeños** ¿Qué otras cosas se pueden hacer en Cartagena de Indias? Busca información en internet con tus compañeros, completa la ficha que le corresponda a tu grupo y elabora anuncios tomando como modelo la audición de la actividad anterior.

Restaurantes	Museos	Centros comerciales	Salas de baile
Nombre:	Nombre:	Dirección:	Nombre:
Tipo de comida:	Horario:	Horario:	Tipo de música:
Horario:	Dirección:	Teléfono:	Dirección:
Dirección:	Teléfono:	Tipos de tienda:	Teléfono:
Contacto:	Precio:		

2.2 **Todo el grupo** Haz una puesta en común con tus compañeros.

3 **En grupos pequeños** Vamos a jugar a las instrucciones encadenadas con el mapa de situación del centro histórico de Cartagena de Indias. Un estudiante del grupo dice cómo llegar al primer lugar; su compañero/a, al siguiente, y así sucesivamente hasta completar el recorrido.

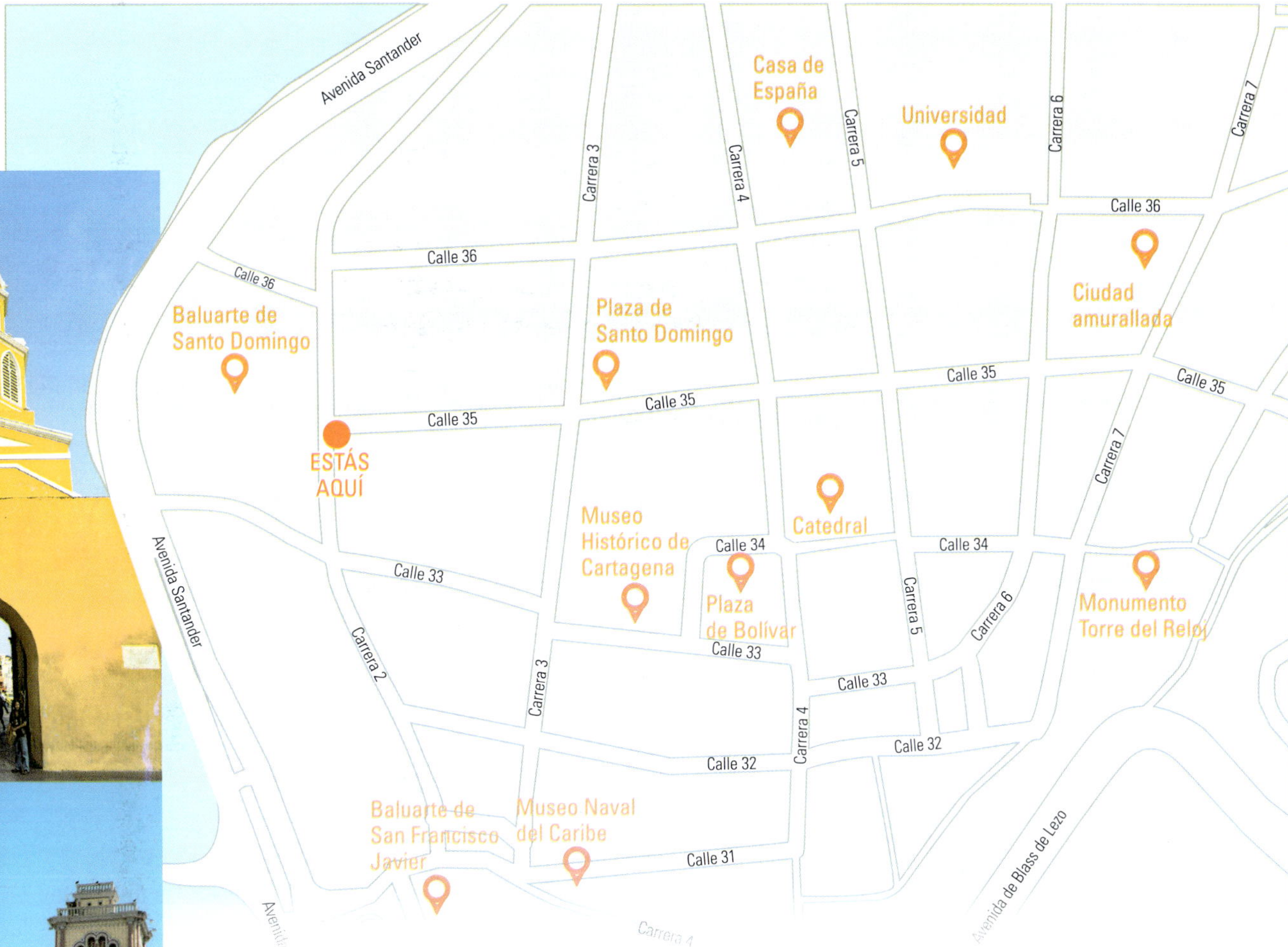

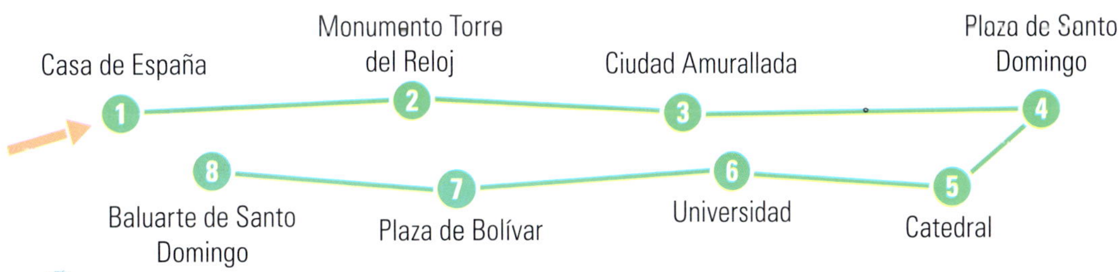

Pedir y dar información espacial

Recuerda:

- Perdón/Por favor, **¿dónde está**...?/**¿cómo puedo ir a**...?
- (Mira/Mire),
  - **sigue/siga** todo recto por esta/la calle... hasta...
  - **gira/gire** a la derecha/izquierda... en...
  - **cruza/cruce** la calle...

UN PAÍS DE *contrastes*

1 **En parejas** ¿Qué sabes de Colombia? Marca las palabras relacionadas con este país. Hay siete palabras que no están relacionadas con él.

- [ ] Lionel Messi
- [ ] café
- [ ] mariachis
- [ ] salsa
- [ ] Caribe
- [ ] Botero
- [ ] tango
- [ ] tacos
- [ ] Amazonas
- [ ] carnaval
- [ ] arepas
- [ ] cultura maya
- [ ] Gabriel García Márquez
- [ ] esmeraldas
- [ ] Shakira
- [ ] mate
- [ ] cordillera de los Andes
- [ ] Frida Kahlo

2 **En parejas** Lee el texto, comprueba tu respuesta anterior y completa la ficha. Luego compara con tu compañero/a.

Colombia, un país de contrastes

La cultura colombiana está formada por la herencia de los pueblos indígenas, las tradiciones españolas de la época colonial y las costumbres africanas incorporadas por los esclavos que llevaron los conquistadores.

En Colombia hay playas tropicales, montañas de más de 5000 metros, volcanes, selva amazónica, grandes ríos, extensas llanuras, islas… Vamos a conocer sus regiones.

Región de la Amazonia

Aquí, además del río Amazonas, puedes ver otras maravillas (parques y reservas naturales, ríos, flora y fauna diversas) y entrar en contacto con comunidades indígenas que aún conservan sus tradiciones.

Región andina

En esta región encontramos las dos ciudades más pobladas del país: Bogotá y Medellín. En la primera puedes visitar el Museo del Oro y el Museo Internacional de la Esmeralda y en la segunda puedes ver numerosas esculturas de Fernando Botero. Esta región también nos ofrece la posibilidad de visitar plantaciones cafeteras y probar la bandeja paisa y las arepas.

Caño Cristales

Lotos en el río Amazonas

Carnaval de Barranquilla

Vista panorámica de Cali

Mono ardil común

Región Caribe

El sol, las playas, el baile y la alegría de su gente se juntan en esta región a ritmo de cumbia y vallenato, dos de los ritmos musicales más característicos de Colombia. Barranquilla, además de ser la ciudad natal de Shakira, destaca por tener uno de los carnavales más famosos del país. Si lo que buscas es conocer el pasado colonial, Cartagena de Indias es tu destino ideal.

Región de la Orinoquía

En la zona oriental del país se extienden llanuras inmensas que esconden secretos naturales que asombran por su belleza, como Caño Cristales. Por esta región pasa uno de los ríos más importantes de Sudamérica, el Orinoco, que marca la frontera con Venezuela.

Región Pacífico

La zona costera de esta región es el escenario ideal para bucear, ver ballenas y navegar por manglares. Cali es la tercera ciudad más poblada de Colombia, además de ser uno de los principales centros económicos e industriales del país. En Cali se vive de manera muy especial la salsa, la rumba, el baile y la fiesta en la calle.

Busca en el texto...

1. cuatro bailes: ....
2. dos museos: ....
3. dos artistas: ....
4. una fiesta: ....
5. dos comidas: ....
6. dos ríos: ....

3 **Todo el grupo** ¿Cuáles son las regiones más importantes de tu país? Haz una presentación a la clase.

Esculturas de F. Botero en Medellín

Plantación de café en Manizales

Bandeja paisa

Vídeo

HOSTAL Babel

Fin de curso

Antes del vídeo

1 **En parejas** Hemos llegado al último día en el hostal Babel antes del verano. Teniendo en cuenta lo que sabes de los huéspedes del hostal, ¿qué crees que van a hacer en sus vacaciones? Escríbelo y luego compara tus hipótesis con tu compañero/a.

Creo que este verano...

Hugo va a...

Tere va a...

Bea va a...

Carla va a...

Leo va a...

2 **En grupos pequeños** Para celebrar el fin de curso, Bea ha cocinado los platos preferidos de sus amigos. Fíjate en las fotografías. ¿Recuerdas cómo se llaman estos platos? ¿Cuáles crees que ha preparado Bea para cada uno? ¿Por qué? Discútelo con tus compañeros.

Durante el vídeo

3 Visiona el fragmento 00:30 ▶ 02:04 y escribe el plato que Bea ha cocinado para cada uno.

Para Hugo, ... Para Carla, ...

Para Tere, ... Para Leo, ...

4 Visiona el fragmento 02:04 ▶ 04:30, en el que nuestros amigos hablan de sus planes para las vacaciones, y di si las siguientes afirmaciones son verdaderas o falsas. Si son falsas, corrige la información.

1. Tere va a ir a Cádiz y piensa estar de fiesta todos los días. .... V F
2. Tere ha suspendido la asignatura de Finanzas. ... V F
3. Tere va a estudiar dos semanas antes del examen. .... V F
4. Hugo va a visitar a sus amigos en México. .... V F
5. Hugo ya ha comprado los boletos de avión. .... V F
6. Hugo va a regresar a España en agosto. .... V F
7. Hugo quiere viajar por Europa antes de empezar el curso en la universidad. .... V F
8. Hugo piensa hacer el Camino de Santiago. .... V F
9. Bea ha hecho el Camino de Santiago muchas veces. .... V F
10. Leo no piensa viajar porque ha suspendido algunas asignaturas. .... V F
11. Leo va a pasar el verano solo con Bea. .... V F
12. Bea no va a tener vacaciones este verano. .... V F

5 **En parejas** Carla empieza a hablar de sus planes en el fragmento 04:30 ▶ 05:04. Visiona el fragmento. ¿A dónde crees que va? ¿Por qué? Habla con tu compañero/a.

5.1 Visiona la última parte del vídeo 05:04 ▶ final y comprueba tus hipótesis. ¿Has acertado?

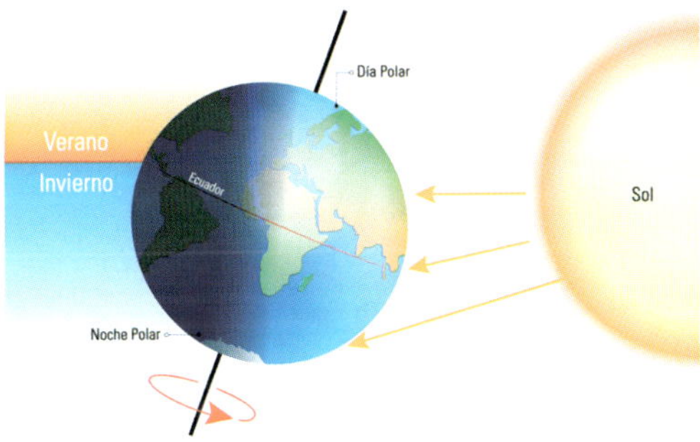

Nota cultural

Las estaciones del año ocurren en el hemisferio sur de manera inversa a como lo hacen en el hemisferio norte. En el hemisferio sur el verano se extiende entre diciembre y marzo, mientras que el invierno lo hace entre junio y septiembre.

Después del vídeo

6 **En grupos pequeños** ¿Cuáles son tus planes para este verano? ¿Piensas estudiar español? ¿Vas a hacer algún viaje? Coméntalo con tus compañeros.

7 **Todo el grupo** Y, para terminar, vamos a poner a prueba tus conocimientos sobre nuestros amigos del hostal Babel. Tu profesor/a te dará las instrucciones.

A ....
B ....
C ....
D ....
E ....
F ....
G ....
H ....
I ....
L ....
M ....
N ....
.... Ñ ....
P ....
R ....
S ....
T ....
U ....
V ....
.... X ....

Evaluación

1 Observa la foto y responde a las preguntas.

1. ¿Cómo es físicamente el chico de la foto? ....
....
2. ¿Cómo crees que es el carácter de la mujer? ....
3. ¿Con quién está el chico que hace la foto? ....
4. ¿Dónde están? ....
5. ¿Qué están haciendo? ....

2 En todas las frases hay algún error. Corrígelas.

1. A mí encanta ir a exposiciones. ....
2. Ramón le interesa mucho el arte. ....
3. Nos dolemos las piernas. ....
4. ▶ ¿Te gusta la paella? ▷ ¡Sí! ¡Me encanta mucho! ....
5. A Sonia y a Paco le gusta dormir hasta las diez los fines de semana. ....
6. ▶ A mi hermana y a mí nos encanta bailar. ▷ ¡A nosotros tampoco!
....
7. ▶ Me duele mucho la cabeza. ▷ Yo también. ....
8. Me gusta nada cantar en público. ....

3 Escribe estas acciones en el orden en el que las has hecho hoy.

Volver a casa. | Hacer la compra. | Ir a clase/al trabajo. | Desayunar. | Ducharse.
Acostarse. | Comer. | Cenar. | Levantarse.

Hoy me he levantado ....
....
....
....
....

4 Completa la receta usando la forma *usted* del imperativo.

PAN CON TOMATE Y JAMÓN

Ingredientes para 2 personas:

4 rebanadas de pan

100 g de jamón ibérico

2 tomates maduros

aceite de oliva virgen extra

sal

Elaboración:

[1] .... (Tostar) el pan.
[2] .... (Cortar) los tomates por la mitad y [3] .... (frotar) la parte cortada del tomate en el pan tostado. [4] .... (Poner) aceite de oliva sobre el pan y [5] .... (añadir) un poco de sal. Por último, [6] .... (colocar) sobre la rebanada dos lonchas de jamón.

5 Completa este texto sobre la isla colombiana de Providencia con los verbos *ser*, *tener*, *estar* y *hay*.

La isla de Providencia [1] .... una isla que [2] .... en el mar Caribe y que [3] .... una superficie de 17 km². En avión [4] .... a 25 minutos de la isla de San Andrés, que a su vez [5] .... a una hora y media de vuelo desde Cartagena o Barranquilla. En los últimos años ha crecido el ecoturismo, ya que en Providencia [6] .... arrecifes de coral, una fauna y una flora marina muy ricas y sus playas [7] .... unas aguas transparentes ideales para bucear.
En la isla solo [8] .... un aeropuerto, que [9] .... el principal acceso a la isla. También [10] .... un puerto que comunica con la isla de San Andrés.
La isla de Providencia [11] .... varios hoteles y pequeñas posadas. Muchos alojamientos [12] .... casas particulares que los habitantes comparten con los turistas.

6 Observa esta reserva de billetes para ir a la isla de San Andrés y contesta a las preguntas.

Andreams

¿Prefieres por teléfono?
900 67 14 98

Tu viaje a **isla de San Andrés**

Vuelo: 30-Mar al 1-Abr — 2 adultos — Precio por persona 161.44 €

Vuela Colombia (FC 8160)
15:50 Rafael Núñez (CTG) Cartagena – Colombia
17:20 San Andres Island (ADZ), isla de San Andrés – Colombia
1 h 30 min Directo

→

Vuela Colombia (FC 8161)
12:00 San Andres Island (ADZ), isla de San Andrés – Colombia
13:30 Rafael Núñez (CTG) Cartagena – Colombia
1 h 30 min Directo

1. ¿Cuánto dura el viaje? ....
2. ¿Qué día sale? ....
3. ¿Qué día vuelve? ....
4. ¿A qué hora sale el vuelo de Cartagena? ....
5. ¿A qué hora llega el vuelo a Cartagena? ....
6. ¿Cómo se llama la compañía aérea? ....
7. ¿Cuál es el número de vuelo del 1 de abril? ....
8. ¿Cuánto cuesta el viaje? ....
9. ¿Cuál es el número de teléfono de reservas? ....

7 Responde a las siguientes preguntas del apartado "Cultura".

1. ¿Qué tres influencias tiene la cultura colombiana? ....
2. ¿En qué región puedes visitar una plantación de café? ....
3. ¿En qué ciudad puedes ver muchas esculturas de Fernando Botero? ....
4. ¿En qué región de Colombia está el río Orinoco? ....
5. ¿Dónde se celebra uno de los carnavales más famosos de Colombia? ....
6. ¿En qué región puedes ver ballenas? ....
7. ¿Cuáles son las tres ciudades más pobladas de Colombia? ....
8. ¿En qué región colombiana podemos encontrar culturas indígenas? ....

Apéndices

Pronunciación y ortografía

Ficha 1 La sílaba

1 Lee la información y divide las palabras en sílabas.

La sílaba

- En español, las palabras se dividen en **sílabas**:
  ca-sa, tren, ex-tran-je-ro
- Hay palabras formadas por una, dos, tres, cuatro o cinco sílabas:
  mar, si-lla, ven-ta-na, te-lé-fo-no, a-fir-ma-ti-vo

  También hay palabras con más de cinco sílabas (*i-be-ro-a-me-ri-ca-no*) pero son menos frecuentes.
- Una sílaba puede estar formada por:
  - una o varias vocales: *a-gua, ai-re*
  - una vocal y una consonante: *ca-sa, ir*
  - una vocal y varias consonantes: *a-mor, cla-se*

> Fíjate:
> No hay sílabas solo con consonantes.

- Cuando una palabra tiene dos o más sílabas, una de ellas se pronuncia con más énfasis que el resto. Es la **sílaba tónica**:
  ***ca**-sa, extran-**je**-ro, **si**-lla, ven-**ta**-na, te-**lé**-fo-no, a-fir-ma-**ti**-vo, a-**mor**, **cla**-se; **a**-gua*

2 Divide las palabras resaltadas en sílabas.

1 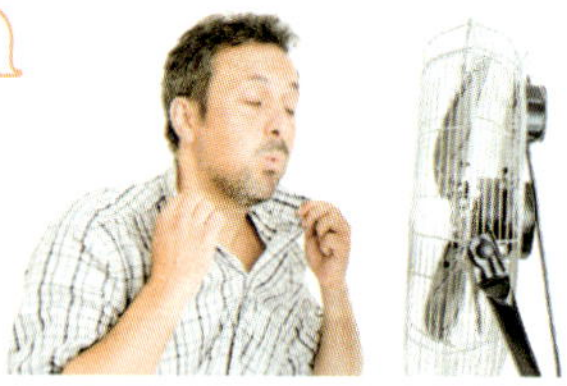
Tener **calor** ....

2 
Tener **sed** ....

3 
Tener **hambre** ....

4 
Mi **amiga** ....

5 
El **teléfono** ....

6 
El **pan** ....

7 
El **abanico** ....

8 
Los **zapatos** ....

9 
La **cama** ....

3 Escucha cómo pronuncia estas palabras tu profesor/a y marca la sílaba tónica.

4 Busca en la unidad palabras con una, dos, tres y cuatro sílabas y anótalas.

1 Escucha los siguientes pares de palabras y repite. No importa ahora su significado.

[43]

- pero – perro
- casa – caza
- suelo – suero
- peces – peses
- pagar – pajar
- helar – errar
- manco – mango
- sepa – cepa
- churro – chulo
- jara – jarra
- quiso – guiso
- mesa – meza

2 Marca las palabras que escuchas. No importa su significado.

[44]

- ☐ liga
- ☐ rama
- ☐ bajo
- ☐ guerra
- ☐ zueco
- ☐ coro
- ☐ cazo
- ☐ mango
- ☐ loza
- ☐ zeta
- ☐ perra
- ☐ hora

3 Escucha la canción y marca las palabras que oyes.

[45]

- ☐ quinto
- ☐ café
- ☐ México
- ☐ cuántos
- ☐ agua
- ☐ tango
- ☐ Suiza
- ☐ ¿Qué tal?
- ☐ Guinea
- ☐ Francia
- ☐ sueco
- ☐ playa
- ☐ Marruecos
- ☐ flamenco
- ☐ pagar
- ☐ tener
- ☐ cinco
- ☐ rojo

4 Ahora lee la canción y comprueba tu respuesta anterior.

Bailar tango

Mi casa está en un quinto piso,
desde aquí puedo ver todo Madrid.
Miro hacia el sur y me imagino
que me voy de viaje muy lejos de aquí.

Estribillo
Quiero viajar por todo el mundo,
desde Guinea hasta Hong Kong.
Quiero viajar por todo el mundo,
desde la India a Nueva York.

Ir a una playa al sur de Francia,
visitar La Habana y tocar el bongó,
cantar flamenco en Sevilla,
¿qué tal ir a Marruecos
y luego volar a Japón?

Estribillo

Sueño viajar por todo el planeta,
¡cuántos amigos deseo tener!
Sueño viajar por todo el planeta,
¡cuántos amigos deseo tener!

Bailar un tango en Argentina,
cantar en Memphis un *rock and roll*,
comer pimiento rojo en México,
cruzar la línea del ecuador.

Estribillo

Tocar el bongó

Cantar flamenco

Línea del ecuador (Quito, Ecuador)

Ficha 3 Vocales y diptongos

1 [46] Escucha y repite. No importa el significado de las palabras.

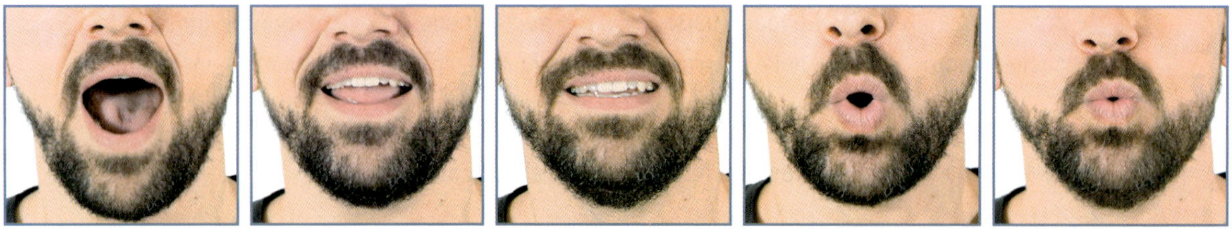

2 [47] Escucha y clasifica las palabras según la vocal que contienen.

A	E	I	O	U

3 [48] Escucha estas palabras que contienen diptongos en español.

> Un diptongo es la aparición en una misma sílaba de dos vocales distintas que se pronuncian juntas.

- AI › **bai**-lar
- EI › **pei**-ne
- OI › **oi**-go
- AU › **Au**-ro-ra
- EU › **Eu**-ro-pa
- OU › es-ta-d**ou**-ni-den-se
- IA › ma-g**ia**
- IE › **hie**-lo
- IO › Ma-r**io**
- UA › **gua**-po
- UE › **hue**-vo
- UO › mons-tr**uo**
- UI › **cui**-dar
- IU › **ciu**-dad

3.1 Ahora busca una palabra más para cada grupo. ¿Hay alguno que no puedes completar?

3.2 [49] Escucha estos pares de palabras. ¿Qué diferencia hay? ¿Significan lo mismo? ¿Se te ocurre alguno más? Anótalo.

- vida – viuda
- huevo – hubo
- mido – miedo
- piano – pino
- luego – Lugo
- lavo – labio

> Siempre debes pronunciar las dos vocales que forman el diptongo. Si no, puede haber confusiones, ya que hay palabras que solo se diferencian por una vocal.

*Tengo **miedo**.*

***Mido** dos metros diez.*

Ficha 4 Contraste de los sonidos /g/, /x/ y /k/ y las letras *g/j*

1 [50] Escucha estas series de palabras y repite. No importa su significado.

2 [51] Aquí tienes una serie de pares mínimos, parejas de palabras que son iguales excepto por un sonido. Marca, en cada par, cuál de ellas escuchas primero.

- casa – gasa
- mago – majo
- coco – cojo
- goma – coma
- lijar – ligar
- rasgar – rascar

3 [52] Lee la información y escucha la pronunciación de estas palabras.

Letras *g/j*

Sonido /x/	Sonido /g/
• **g** + e, i: *gente, girasol*	• **g** + a, o, u: *galleta, gordo, guapo*
• **j** + a, e, i, o, u: *jamón, jefe, jirafa, joven, jueves*	• **gu** + e, i: *Miguel, guitarra*

3.1 Completa las siguientes palabras con *g*, *gu* o *j*.

1. ca ..... ón	4. ..... ema	7. mon ..... a	10. ..... ato	13. á ..... ila	16. ..... azpacho
2. o ..... o	5. ..... irasol	8. ima ..... en	11. ..... orro	14. ..... afas	17. ..... ersey
3. má ..... ico	6. ..... untos	9. traba ..... o	12. ..... errero	15. ..... ía	18. abri ..... o

3.2 Relaciona algunas de las palabras anteriores con estas imágenes.

1 

2 

3 

4 

5 

6 

7 

8 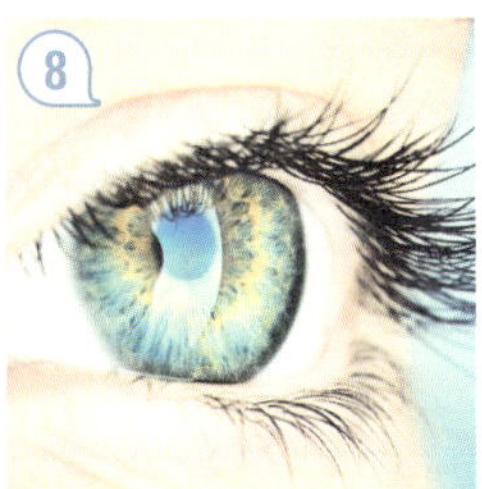

9 

10 

3.3 Ahora busca todas las palabras de la actividad 3.1 en el diccionario para comprobar que están bien escritas.

Ficha 5 Contraste de los sonidos /s/ y /θ/ y las letras *c/z/s*

1 [53] Escucha y repite. No importa el significado de las palabras.

1.1 [54] Ahora marca el orden en el que se dicen las siguientes palabras. No importa su significado.

☐ pazo	☐ poso	☐ loza	☐ losa	☐ paso
☐ asar	☐ pozo	☐ caso	☐ azar	☐ cazo

2 [55] Observa cómo se escriben estos sonidos. Luego escucha y escribe.

> Fíjate:
> En algunas zonas de España, así como en Hispanoamérica, se produce un fenómeno fonético conocido como **seseo**.
> El seseo consiste en pronunciar las letras ***c*** (ante *e, i*) y ***z*** (ante *a, o, u*) con el sonido que corresponde a la letra ***s*** (/**s**/).

Letras *c/z/s*

Sonido /θ/	Sonido /s/
• **c** + e, i: *doce, cinco* • **z** + a, o, u: *Zaragoza, suizo, azul*	• **s** + a, e, i, o, u: *casa, piso, sueco, semana, siete*

1.	6.	11. ....
2.	7.	12. ....
3.	8.	13. ....
4.	9.	14. ....
5.	10.	15. ....

3 Relaciona algunas de las palabras anteriores con estas imágenes.

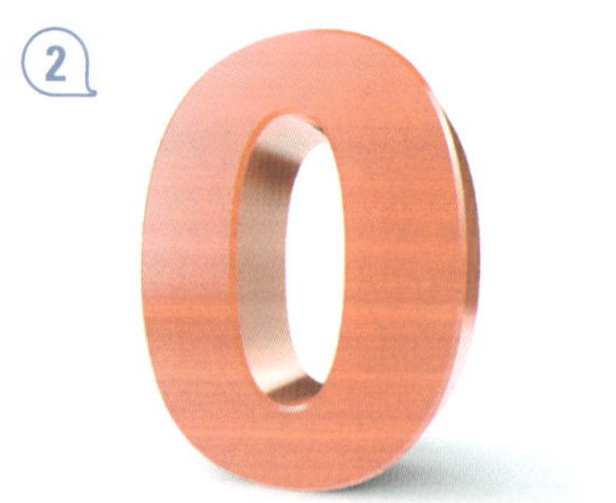

Ficha 6 Contraste de los sonidos /l/, /r/ y /rr/ y las letras *r/rr*

1 Escucha y repite. No importa el significado de las palabras.

[56]

/l/			/r/			/rr/		
luna	miel	alcalde	pera	arado	oro	hierro	roto	rústico
ulular	limón		mirar	permitir		rabia	carroña	

2 Practica con los siguientes pares de palabras pronunciándolos en voz alta.

parra

mirra

- para – parra
- pelo – perro
- celo – cero
- bola – borra
- rima – lima
- mira – mirra
- suero – suelo

lima

suero

3 Une con líneas las palabras que se dicen.

[57]

ROPA	MAR	PERRO	RIMA
MORAL	MAL	LILA	PERRA
RAMO	SUELO	LIMA	LAPA
RARO	SUERO	LATA	PERA

HIELA	CELO	CHURRO	CARETA
LISA	ALA	VARA	CORO
AHORRA	CORRO	ARA	BARRA
CARO	LABIO	CARRO	AHORA

4 Primero, lee la información y luego escribe las palabras que escuchas.

[58]

Escribir *r* o *rr*

Posición	Sonido suave	Sonido fuerte
Al principio de palabra	No existe	Letra ***r***: *rama, rojo, rubia*
Entre vocales	Letra ***r***: *hora, Uruguay, amarillo*	Letra ***rr***: *carro, perro, parra*
Al final de palabra o sílaba	Letra ***r***: *amar, partir, esconder*	No existe
Tras las consonantes ***l***, ***n*** y ***s***	No existe	Letra ***r***: *Enrique, Israel, alrededor*

1. ....
2. ....
3. ....
4. ....
5. ....
6. ....
7. ....
8. ....
9. ....
10. ....

Ficha 7 Los sonidos /ch/, /y/. La letra *y*

1 [59] Lee la información y luego escucha y repite las palabras que aparecen debajo.

Los sonidos /ch/, /y/. La letra *y*

- **/ch/** es un sonido que se compone de dos letras: *chocolate, chico.*
- La letra ***y*** tiene dos pronunciaciones:
  - Como vocal, se pronuncia igual que /i/, como en las palabras *hoy* o *hay.*
  - Como consonante, se pronuncia /y/, un sonido muy similar al de /ll/: *yema, oye, calle.*

En muchas zonas hispanohablantes, los sonidos /y/ y /ll/ se pronuncian igual.

- yuca
- yegua
- mayoría
- ayudar
- rayo
- playa

- muchacho
- chorizo
- chato
- chaqueta
- bache
- pecho

1.1 [60] A continuación vas a oír una serie de palabras con un número. Escucha atentamente y coloca el número de cada palabra en el recuadro correspondiente. No importa el significado de las palabras.

/ch/ ☐ ☐ ☐ ☐ /y/ ☐ ☐ ☐ ☐

1.2 Completa con *y* o *ll.*

1. ..... uvia

2. ..... o

3. ..... egua

4. ..... aves

5. ..... ema

6. .po ..... o

7. ra ..... o

8. ..... orar

Recuerda:

- Cuando la letra ***y*** es conjunción y la palabra siguiente comienza por la letra ***i***, la ***y*** se cambia por ***e***:
  *Sonia habla francés **e** inglés.*
- La letra ***y*** puede pronunciarse como vocal o como consonante cuando aparece ante otra vocal:
  doy, Paraguay, rey/desmayar, trayecto, reyes

2 [61] Teniendo en cuenta todo lo que has aprendido hasta ahora, escucha y escribe en tu cuaderno lo que se dicta.

Ficha 8 La tilde diacrítica

1 Lee en voz alta estos pares de palabras. ¿Hay alguna diferencia en su pronunciación?

- tu/tú
- el/él
- se/sé
- mi/mí
- te/té
- si/sí

2 Lee esta información y después elige la opción correcta.

La tilde diacrítica

- **tu** › adjetivo posesivo:
  *Esta tarde voy a **tu** casa.*
- **el** › artículo determinado:
  ***El** colegio está un poco lejos.*
- **se** › pronombre personal:
  *Todos los días **se** levanta tarde.*
- **mi** › adjetivo posesivo:
  *Este es **mi** libro.*
- **te** › pronombre personal:
  *¿Qué **te** pasa? ¿Estás enfermo?*
- **si** › conjunción condicional:
  ***Si** queréis, vamos al cine esta tarde.*
- **tú** › pronombre personal:
  *Eso lo has dicho **tú**.*
- **él** › pronombre personal:
  *Me voy en coche con **él**.*
- **sé** › presente del verbo saber (yo):
  *Ya **sé** dónde están las llaves.*
- **mí** › pronombre personal:
  *¿Este regalo es para **mí**? ¡Qué bien!*
- **té** › nombre (infusión):
  *He comprado un **té** rojo buenísimo.*
- **sí** › adverbio afirmativo:
  ▶ *Oye, ¿puedo usar tu teléfono?*
  ▷ ***Sí**, claro, por supuesto.*

Fíjate:
Esta tilde sirve para diferenciar dos o más funciones de una misma palabra.

1. Ya **se/sé** que debo esforzarme más.
2. **El/Él** ha preparado la cena esta noche.
3. **Mi/Mí** padre es arquitecto.
4. **El/Él** amigo de Juan es muy amable.
5. **Si/Sí**, ya lo he visto.
6. La obra **se/sé** estrena en el teatro Real.
7. **Tu/Tú** tienes que estudiar más.
8. ¡Qué frío! ¿Nos tomamos un **te/té**?
9. **Si/Sí** vienes, te daré la maleta.
10. Ya **te/té** he dicho que no puedo ir.
11. Podemos ver la película en **tu/tú** casa.
12. A **mi/mí** me gusta jugar en el parque.

3 Escucha y escribe correctamente las frases. [62]

1. ....
2. ....
3. ....
4. ....
5. ....
6. ....
7. ....
8. ....

Ficha 9 Contraste de los sonidos /n/ y /ñ/

1 [63] La letra *ñ* es característica del español. Escucha y repite.

España

niño

regañar

año

piña

cariño

muñeca

2 [64] Numera las siguientes palabras según el orden en el que aparecen. Observa la diferencia de pronunciación entre /n/ y /ñ/.

☐ peña	☐ mano	☐ maño	☐ caña
☐ cana	☐ Miño	☐ mino	☐ pena

Peña

Cana

Mino

Peña: pico o montaña.
Cana: pelo blanco.
Miño: río de Galicia, al noroeste de España.
Maño/a: persona originaria de Aragón, al este de España.
Mino: sinónimo de *gato*.
Caña: instrumento que se usa para pescar.
Pena: tristeza.

3 [65] Escucha y completa los siguientes pares de palabras con consonantes. Ten en cuenta que, en cada par, una de las palabras siempre va a contener la eñe y la otra puede contener cualquier consonante.

1. ni ..... o – ni ..... o
2. Espa ..... a – espa ..... a
3. ca ..... o – ca ..... o
4. mo ..... o – mo ..... o
5. u ..... a – hu ..... a
6. ba ..... a – ba ..... a

Ficha 10 Las frases interrogativas y exclamativas

1 Lee atentamente la información del siguiente cuadro y compárala con lo que sucede en tu lengua. ¿En qué se diferencia del español? ¿Existen en ella estos signos de puntuación?

Los signos de interrogación y de exclamación

- Los signos de interrogación y de exclamación se usan para representar en la escritura enunciados interrogativos y exclamativos directos:

  ¿Has comido en casa?

  ¿Dónde has comprado ese traje?

  ¡Eso es una injusticia!

  ¡Qué magnífica pintura!

- Como puedes observar, en español tanto los signos de interrogación como los de exclamación son dos: de apertura (**¿ ¡**) y de cierre (**? !**), y se colocan al principio y al final de cada enunciado.

  Es obligatorio poner los dos signos y nunca se escribe punto después de ellos.

2 A continuación tienes el esquema entonativo básico del español. Escucha atentamente el siguiente audio y repite.

[66]

Esquema entonativo básico del español

Frases afirmativas	Frases interrogativas		Frases exclamativas

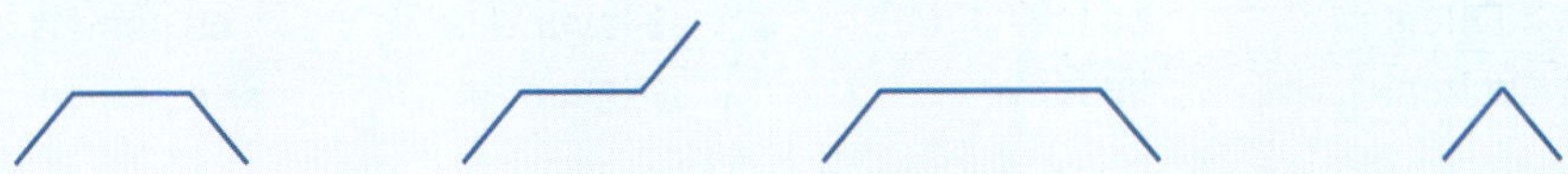

Viene.	*¿Viene?* (total)	*¿Cuándo viene?* (parcial)	*¡Viene!*

3 Vas a escuchar un diálogo en una verdulería. Presta atención a la entonación y escribe los signos de interrogación y exclamación que faltan.

[67]

Recuerda:
Las partículas interrogativas *qué*, *dónde*, *cuándo*, *cómo*... llevan tilde en las preguntas y exclamaciones.

▷ Hola, buenos días.
▶ Buenos días.
▷ Qué desea.
▶ Tiene pimientos.
▷ Sí. Tenemos pimientos rojos y verdes.
▶ Cuánto cuesta el kilo.
▷ Los pimientos rojos están a dos cincuenta euros el kilo y los verdes, a dos euros.
▶ Qué caros los pimientos rojos. Póngame mejor medio kilo de pimientos verdes, por favor.
▷ Aquí tiene. Desea algo más.
▶ No, nada más. Cuánto es.
▷ Es un euro con veinticinco, por favor.
▶ Aquí tiene, gracias.
▷ A usted.

Tabla de verbos

Presente de indicativo

Verbos regulares

1.ª conjugación -AR CANTAR	2.ª conjugación -ER COMER	3.ª conjugación -IR VIVIR
canto	como	vivo
cantas	comes	vives
canta	come	vive
cantamos	comemos	vivimos
cantáis	coméis	vivís
cantan	comen	viven

Verbos reflexivos regulares

Bañarse	Ducharse	Lavarse	Levantarse	Peinarse
me baño	**me** ducho	**me** lavo	**me** levanto	**me** peino
te bañas	**te** duchas	**te** lavas	**te** levantas	**te** peinas
se baña	**se** ducha	**se** lava	**se** levanta	**se** peina
nos bañamos	**nos** duchamos	**nos** lavamos	**nos** levantamos	**nos** peinamos
os bañáis	**os** ducháis	**os** laváis	**os** levantáis	**os** peináis
se bañan	**se** duchan	**se** lavan	**se** levantan	**se** peinan

Verbos irregulares

Verbos con irregularidad vocálica

- **E › IE**

Cerrar	Comenzar	Despertarse	Divertirse	Empezar
c**ie**rro	com**ie**nzo	me desp**ie**rto	me div**ie**rto	emp**ie**zo
c**ie**rras	com**ie**nzas	te desp**ie**rtas	te div**ie**rtes	emp**ie**zas
c**ie**rra	com**ie**nza	se desp**ie**rta	se div**ie**rte	emp**ie**za
cerramos	comenzamos	nos despertamos	nos divertimos	empezamos
cerráis	comenzáis	os despertáis	os divertís	empezáis
c**ie**rran	com**ie**nzan	se desp**ie**rtan	se div**ie**rten	emp**ie**zan

Entender	Merendar	Pensar	Perder	Querer
ent**ie**ndo	mer**ie**ndo	p**ie**nso	p**ie**rdo	qu**ie**ro
ent**ie**ndes	mer**ie**ndas	p**ie**nsas	p**ie**rdes	qu**ie**res
ent**ie**nde	mer**ie**nda	p**ie**nsa	p**ie**rde	qu**ie**re
entendemos	merendamos	pensamos	perdemos	queremos
entendéis	merendáis	pensáis	perdéis	queréis
ent**ie**nden	mer**ie**ndan	p**ie**nsan	p**ie**rden	qu**ie**ren

• O > UE

Acordarse	Acostarse	Almorzar	Contar	Dormir	Encontrar
me acuerdo	me acuesto	almuerzo	cuento	duermo	encuentro
te acuerdas	te acuestas	almuerzas	cuentas	duermes	encuentras
se acuerda	se acuesta	almuerza	cuenta	duerme	encuentra
nos acordamos	nos acostamos	almorzamos	contamos	dormimos	encontramos
os acordáis	os acostáis	almorzáis	contáis	dormís	encontráis
se acuerdan	se acuestan	almuerzan	cuentan	duermen	encuentran

Poder	Recordar	Resolver	Soler	Soñar	Volver
puedo	recuerdo	resuelvo	suelo	sueño	vuelvo
puedes	recuerdas	resuelves	sueles	sueñas	vuelves
puede	recuerda	resuelve	suele	sueña	vuelve
podemos	recordamos	resolvemos	solemos	soñamos	volvemos
podéis	recordáis	resolvéis	soléis	soñáis	volvéis
pueden	recuerdan	resuelven	suelen	sueñan	vuelven

• E > I

Elegir	Pedir	Reírse	Repetir	Servir	Vestirse
elijo	pido	me río	repito	sirvo	me visto
eliges	pides	te ríes	repites	sirves	te vistes
elige	pide	se ríe	repite	sirve	se viste
elegimos	pedimos	nos reímos	repetimos	servimos	nos vestimos
elegís	pedís	os reís	repetís	servís	os vestís
eligen	piden	se ríen	repiten	sirven	se visten

• U > UE

Jugar
juego
juegas
juega
jugamos
jugáis
juegan

• I > Y

Concluir	Construir	Contribuir	Destruir	Huir
concluyo	construyo	contribuyo	destruyo	huyo
concluyes	construyes	contribuyes	destruyes	huyes
concluye	construye	contribuye	destruye	huye
concluimos	construimos	contribuimos	destruimos	huimos
concluís	construís	contribuís	destruís	huis
concluyen	construyen	contribuyen	destruyen	huyen

Verbos irregulares en la primera persona

- **Verbos en -ZC-**

Conducir	Conocer	Producir	Traducir	Obedecer
condu**zc**o	cono**zc**o	produ**zc**o	tradu**zc**o	obede**zc**o
conduces	conoces	produces	traduces	obedeces
conduce	conoce	produce	traduce	obedece
conducimos	conocemos	producimos	traducimos	obedecemos
conducís	conocéis	producís	traducís	obedecéis
conducen	conocen	producen	traducen	obedecen

Otros irregulares en primera persona

Caer	Hacer	Poner	Salir	Traer	Valer
caigo	**hago**	**pongo**	**salgo**	**traigo**	**valgo**
caes	haces	pones	sales	traes	vales
cae	hace	pone	sale	trae	vale
caemos	hacemos	ponemos	salimos	traemos	valemos
caéis	hacéis	ponéis	salís	traéis	valéis
caen	hacen	ponen	salen	traen	valen

Dar	Saber	Ver
doy	**sé**	**veo**
das	sabes	ves
da	sabe	ve
damos	sabemos	vemos
dais	sabéis	veis
dan	saben	ven

Verbos con dos irregularidades

Decir	Oír	Oler	Tener	Venir
digo	**oigo**	**hue**lo	**tengo**	**vengo**
d**i**ces	o**y**es	**hue**les	t**ie**nes	v**ie**nes
d**i**ce	o**y**e	**hue**le	t**ie**ne	v**ie**ne
decimos	oímos	olemos	tenemos	venimos
decís	oís	oléis	tenéis	venís
d**i**cen	o**y**en	**hue**len	t**ie**nen	v**ie**nen

Verbos con irregularidades propias

Haber	Ir	Estar	Ser
he	**voy**	**estoy**	**soy**
has	**vas**	**estás**	**eres**
ha	**va**	**está**	**es**
hemos	**vamos**	estamos	**somos**
habéis	**vais**	estáis	**sois**
han	**van**	**están**	**son**

Recuerda:

- El verbo ***haber*** solo se usa para formar los tiempos compuestos de los verbos.
- Cuando funciona como verbo impersonal, tiene una forma especial en presente, *hay*:

  Hay *un árbol en la esquina.*

  Hay *árboles en el parque.*
- El verbo ***estar*** cambia la sílaba tónica habitual del presente de indicativo en todas las personas excepto en *nosotros/as* y *vosotros/as* (por eso algunas formas llevan tilde).

Verbos que se construyen como *gustar*

Doler	Encantar	Molestar	Parecer
me d**ue**le/d**ue**len	me encanta/encantan	me molesta/molestan	me parece/parecen
te d**ue**le/d**ue**len	te encanta/encantan	te molesta/molestan	te parece/parecen
le d**ue**le/d**ue**len	le encanta/encantan	le molesta/molestan	le parece/parecen
nos d**ue**le/d**ue**len	nos encanta/encantan	nos molesta/molestan	nos parece/parecen
os d**ue**le/d**ue**len	os encanta/encantan	os molesta/molestan	os parece/parecen
les d**ue**le/d**ue**len	les encanta/encantan	les molesta/molestan	les parece/parecen

Imperativo afirmativo

Verbos regulares

	1.ª conjugación -AR CANTAR	2.ª conjugación -ER COMER	3.ª conjugación -IR VIVIR
tú	canta	come	vive
usted	cante	coma	viva
vosotros/as	cantad	comed	vivid
ustedes	canten	coman	vivan

Verbos irregulares

Irregularidades vocálicas

- **E › IE**

Cerrar	Empezar	Pensar
c**ie**rra	emp**ie**za	p**ie**nsa
c**ie**rre	emp**ie**ce	p**ie**nse
cerrad	empezad	pensad
c**ie**rren	emp**ie**cen	p**ie**nsen

- **O › UE**

Contar	Dormir	Volver
c**ue**nta	d**ue**rme	v**ue**lve
c**ue**nte	d**ue**rma	v**ue**lva
contad	dormid	volved
c**ue**nten	d**ue**rman	v**ue**lvan

• U › UE

Jugar
juega
juegue
jugad
jueguen

• E › I

Elegir	Pedir	Vestir
elige	pide	viste
elija	pida	vista
elegid	pedid	vestid
elijan	pidan	vistan

• I › Y

Construir	Huir
constru**y**e	hu**y**e
constru**y**a	hu**y**a
construid	huid
constru**y**an	hu**y**an

Verbos completamente irregulares

Decir	Hacer	Ir	Oír	Poner	Salir	Ser	Tener	Venir
di	**haz**	**ve**	**oye**	**pon**	**sal**	**sé**	**ten**	**ven**
diga	**haga**	**vaya**	**oiga**	**ponga**	**salga**	**sea**	**tenga**	**venga**
decid	haced	id	oíd	poned	salid	sed	tened	venid
digan	**hagan**	**vayan**	**oigan**	**pongan**	**salgan**	**sean**	**tengan**	**vengan**

La 2.ª persona del plural *(vosotros/as)* del imperativo es siempre regular.

Verbos reflexivos

Acostarse	Despertarse	Dormirse	Levantarse	Reírse	Vestirse
acu**é**sta**te**	despi**é**rta**te**	du**é**rme**te**	lev**á**nta**te**	r**í**e**te**	v**í**ste**te**
acu**é**st**ese**	despi**é**rt**ese**	du**é**rm**ase**	lev**á**nt**ese**	r**í**a**se**	v**í**st**ase**
acosta**os**	desperta**os**	dorm**íos**	levanta**os**	re**íos**	vest**íos**
acu**é**st**ense**	despi**é**rt**ense**	du**é**rm**anse**	lev**á**nt**ense**	r**í**a**nse**	v**í**st**anse**

Pretérito perfecto de indicativo

Verbos regulares

1.ª conjugación -AR CANTAR	2.ª conjugación -ER COMER	3.ª conjugación -IR VIVIR
he cantado	**he** comido	**he** vivido
has cantado	**has** comido	**has** vivido
ha cantado	**ha** comido	**ha** vivido
hemos cantado	**hemos** comido	**hemos** vivido
habéis cantado	**habéis** comido	**habéis** vivido
han cantado	**han** comido	**han** vivido

Participios irregulares

abrir › **abierto**	escribir › **escrito**	poner › **puesto**	romper › **roto**
cubrir › **cubierto**	hacer › **hecho**	prever › **previsto**	satisfacer › **satisfecho**
decir › **dicho**	imprimir › **impreso, imprimido**	resolver › **resuelto**	ver › **visto**
descubrir › **descubierto**	morir › **muerto**	revolver › **revuelto**	volver › **vuelto**

Glosario

	En mi lengua
A	
Abdomen, el	
Abierto/a	
Abogado/a, el/la	
Abrigo, el	
Abrir	
Acá	
Acampada, la	
Acampar	
Aceite, el	
Aceptar	
Acostarse	
Adecuado/a	
Adelgazar	
Adosado/a	
Aeropuerto, el	
Afeitarse	
Afición, la	
Aficionado/a, el/la	
Afirmación, la	
Afirmativo/a	
Agenda, la	
Agradable	
Agua, el	
Ahí	
Ahorrar	
Aire acondicionado, el	
Alegre	
Alimentarse	
Alimento, el	
Alimentación, la	
Alioli, el	
Al	
Almacén, el	
Almendra, la	
Almuerzo, el	
Alquilar	
Alquiler, el	
Altitud, la	
Allá	
Allí	
Amable	
Amarillo/a	
Amigo/a, el/la	
Anaconda, la	
Animal, el	
Antiguo/a	
Añadir	
Apagar	
Aparcamiento, el	
Apartamento, el	
Apellido, el	
Apetito, el	
Aprender	
Apto/a	
Aquí	
Arepa, la	
Armadillo, el	
Armario, el	
Arqueológico/a	
Arquitectura, la	
Arrastrar	
Arroba, la	
Arroz, el	
Artesanía, la	
Artista, el/la	
Asado/a	
Ascensor, el	
Así	
Atención, la	
Auditorio, el	
Autobús, el	
Autosuficiente	
Ave, el	
Avión, el	
Ayuntamiento, el	
Azúcar, el	
Azul	
B	
Bailar	
Bajar	
Bajo/a	
Balcón, el	
Balneario, el	
Banco, el	
Banco de alimentos, el	
Bandera, la	
Baño, el	
Barato/a	
Barca, la	
Barco, el	
Barra (de pan), la	
Barriga, la	
Barrio, el	
Basura, la	
Bechamel, la	
Belleza, la	
Bello/a	
Benéfico/a	
Beso, el	
Biblioteca, la	
Bicicleta, la	
Bienestar, el	
Bienvenido/a	
Billete, el	
Blanco/a	
Boca, la	
Bocadillo, el	
Bolsa, la	
Bombero/a, el/la	
Bonito/a	
Bote, el	
Botella, la	
Brazo, el	
Brusco/a	
Bucear	
Bufé, el	
Bufete (de abogados), el	
Buitre, el	
Buscar	
C	
Cabeza, la	
Café, el	
Cafetería, la	
Caja, la	
Calamar, el	
Calefacción, la	
Calentar	
Calle, la	

	En mi lengua
Callejero/a	
Cama, la	
Cansado/a	
Capital, la	
Cara, la	
Carne, la	
Carnívoro/a	
Caro/a	
Carrera (universitaria), la	
Carrera (de correr), la	
Casa, la	
Casero/a	
Cata (de vinos), la	
Catedral, la	
Causa, la	
Cayena, la	
Cebolla, la	
Celebrar	
Cementerio, el	
Cena, la	
Cenar	
Céntrico/a	
Centro, el	
Centro comercial, el	
Centro de salud, el	
Cereal, el	
Cerrado/a	
Cerrar	
Cerro, el	
Cesta, la	
Chalé, el	
Chancla, la	
Chatear	
Chile, el	
Chocolatina, la	
Chorizo, el	
Cifra, la	
Cine, el	
Circuito, el	
Ciudad, la	
Civilización, la	

	En mi lengua
Claro/a	
Clásico/a	
Cocina, la	
Cocinar	
Coche, el	
Colega, el/la	
Colegio, el	
Colibrí, el	
Colonial	
Colorido/a	
Comer	
Comida, la	
Cómodo/a	
Completar	
Conceder	
Conclusión, la	
Concurso, el	
Conducir	
Conductor/a, el/la	
Conmigo	
Conquistador, el	
Consejo, el	
Consumir	
Contacto, el	
Contaminante	
Contar	
Contenedor, el	
Contento/a	
Cooperación, la	
Correo electrónico, el	
Correr	
Costa, la	
Costar	
Costumbre, la	
Crema, la	
Cristalino/a	
Croqueta, la	
Crucero, el	
Cuarto, el	
Cuello, el	
Cuento, el	
Cuero, el	
Cuerpo, el	

	En mi lengua
Cueva, la	
Cultura, la	
Cumbre, la	
Cumpleaños, el	

D

	En mi lengua
Danza, la	
Dato, el	
Dedo, el	
Delante	
Deletrear	
Dentista, el/la	
Deporte, el	
Deportivo/a	
Derecha, la	
Desarrollo, el	
Desayunar	
Desayuno, el	
Descansar	
Descanso, el	
Descortés	
Desecación, la	
Deseo, el	
Desierto, el	
Despertar(se)	
Después	
Destacar	
Detrás	
Deuda, la	
Día, el	
Difícil	
Dinero, el	
Dirección, la	
Discurso, el	
Diseñador/a gráfico/a, el/la	
Disfrutar	
Divertido/a	
Doble (adj.)	
Docena, la	
Documental, el	
Doler	
Donar	
Donativo, el	
Dormitorio, el	

En mi lengua

Ducha, la
Ducharse
Dulce
Durante

E

Ecológico/a
Económico/a
Echar
Edad, la
Edificio, el
Educación, la
Emblemático/a
Empezar
Empresa, la
En cubos
Enamorarse
Encantar
Encerrado/a
Encuesta, la
Enfadado/a
Enfermedad, la
Enfermo/a
Entrada, la
Entrar
Entrecot, el
Envasado/a
Envase, el
Equipamiento, el
Escalada, la
Escalera, la
Escalofrío, el
Escaparse (viaje rápido)
Escenario, el
Esclavo/a, el/la
Escribir
Escultura, la
Esencia, la
Esmeralda, la
Espacioso/a
Espectáculo, el
Estación, la
Estadio, el
Estómago, el
Estrella, la
Estudio, el
Exactitud, la
Excursión, la
Extensión, la

F

Fácil
Faringitis, la
Farmacéutico/a, el/la
Farmacia, la
Fauna, la
Favor, el
Fecha, la
Festividad, la
Festivo/a
Fiebre, la
Flan, el
Flora, la
Fomentar
Formulario, el
Freír
Frigorífico, el
Frijol, el
Frontera, la
Frotar
Fruta, la
Fuente, la
Fusionar

G

Gafas, las
Garaje, el
Gas, el
Gastronomía, la
Genial
Gente, la
Gesto, el
Gimnasio, el
Glaciar, el
Globo aerostático, el
Gordo/a
Gorro, el
Gramo, el
Grande
Grasa, la
Gratuito/a
Gripe, la
Guía, el/la
Gustar

H

Habitación, la
Habitual
Hacer
Hambre, el
Hamburguesa, la
Harina, la
Helado, el
Herencia, la
Hermano/a, el/la
Histórico/a
Hoja, la
Hojaldre, el
Hora, la
Horario, el
Hospital, el
Hostal, el
Huevo, el
Humanidad, la

I

Ideal
Identificar(se)
Idioma, el
Iglesia, la
Importante
Incluido/a
Indígena, el/la
Infantil
Infección, la
Informal
Informe, el
Inframundo, el
Infusión, la
Ingeniería, la
Ingeniero/a, el/la
Ingrediente, el

	En mi lengua
Inscripción, la	
Insólito/a	
Interesante	
Interesar	
Invertir	
Ir	
Irregular	
Irse	
Isla, la	
Izquierda, la	

J

Jabón, el	
Jaleo, el	
Jamón, el	
Jardín, el	
Jersey, el	
Jubilación, la	
Jubilado/a	
Juego, el	
Jugar	
Jugo, el	
Juventud, la	

L

Labio, el	
Lado, el	
Lana, la	
Lata, la	
Largo/a	
Lavadora, la	
Lavar(se)	
Lavavajillas, el	
Leche, la	
Leer	
Legumbre, la	
Lento/a	
Letra, la	
Levantar(se)	
Libre	
Libro, el	
Litio, el	
Litro, el	
Llamativo/a	
Llanura, la	

	En mi lengua
Llegada, la	
Local, el	
Local (adj.)	
Localización, la	
Localizar	
Loncha, la	
Lucro, el	
Luego	
Lugar, el	
Lujo, el	
Luminoso/a	

M

Madre, la	
Maíz, el	
Manglar, el	
Mano, la	
Mantel, el	
Mañana, la	
Maquillaje, el	
Maquillar(se)	
Marca, la	
Marisco, el	
Marisquería, la	
Masaje, el	
Mate, el	
Matemáticas, las	
Maya	
Mayor	
Medicamento, el	
Medioambiente, el	
Mediodía, el	
Melón, el	
Menú, el	
Mercado, el	
Merendar	
Merienda, la	
Merluza, la	
Mesa, la	
Mesero/a, el/la	
Meseta, la	
Metro, el	
Microondas, el	
Mineral, el	

	En mi lengua
Mirador, el	
Mismo/a	
Mixto/a	
Moderno/a	
Montaña, la	
Monumento, el	
Mosaico, el	
Mucho/a	
Mueble, el	
Muralla, la	
Muscular	
Museo, el	

N

Nacionalidad, la	
Naranja, la	
Nariz, la	
Nativo/a, el/la	
Naturaleza, la	
Navaja, la	
Necesidad, la	
Nervioso/a	
Niebla, la	
Nieto/a, el/la	
Noche, la	
Nochevieja, la	
Nombre, el	
Nunca	
Nutria, la	

O

Obligación, la	
Oficina, la	
Oído, el	
Ojo, el	
Ordenador, el	
Oreja, la	
Oriental	
Orquesta, la	
Oso hormiguero, el	

P

Padre, el	
Paella, la	

	En mi lengua
Palacio, el	
Palomitas, las	
Pan, el	
Panorámico/a	
Paquete, el	
Paracaídas, el	
Parada, la (de autobús)	
Paraguas, el	
Pared, la	
Pareja, la	
Parque, el	
Parrillada, la	
Pasear	
Paseo, el	
Pasta, la	
Pastilla, la	
Patata, la	
Patio, el	
Peculiar	
Pecho, el	
Pedir	
Película, la	
Peligroso/a	
Pelo, el	
Peluquería, la	
Península, la	
Perecedero/a	
Perro/a, el/la	
Pescado, el	
Pescar	
Picadillo, el	
Picante	
Picar	
Pie, el	
Pimentón, el	
Pinar, el	
Pincho, el	
Pino, el	
Piña, la	
Piscina, la	
Piso, el	
Pista, la (de tenis, de padel…)	
Plancha, a la	

	En mi lengua
Planta, la	
Plantación, la	
Plato, el (de comida)	
Playa, la	
Plaza, la	
Poder	
Pollo, el	
Poner	
Portarse	
Posada, la	
Postre, el	
Práctico/a	
Preferir	
Premio, el	
Preocupado/a	
Preparar	
Prestigioso/a	
Problema, el	
Profesión, la	
Promover	
Propuesta, la	
Proteína, la	
Puesto, el	
Pulpo, el	
Punto, el	
Puntual	
Purificado/a	

Q

Querer	
Queso, el	

R

Ración, la	
Rallado/a	
Rallar	
Rana, la	
Rápel, el	
Rápido/a	
Rascacielos, el	
Razón, la	
Realizar	
Rebanada, la	
Rebozar	

	En mi lengua
Recepción, la	
Recepcionista, el/la	
Receta, la	
Recoger	
Recolectar	
Recurso, el (económico)	
Refresco, el	
Relacionar	
Relajante	
Reloj, el	
Reportaje, el	
Respirar	
Restaurante, el	
Rojo/a	
Ropa de abrigo, la	
Ruido, el	
Ruidoso/a	
Ruina, la	
Ruta, la	

S

Sacar (al perro)	
Sal, la	
Salchicha, la	
Salir	
Salmón, el	
Salón, el	
Salud, la	
Saludar	
Sardina, la	
Sed, la	
Segunda mano, (ser de)	
Seguro, el	
Selva, la	
Semana, la	
Semanal	
Senderismo, el	
Sensibilización, la	
Serie, la	
Series de televisión, las	
Serio/a	

	En mi lengua
Seta, la	
Siempre	
Siesta, la	
Siguiente	
Silla, la	
Sociable	
Sofá, el	
Solidario/a	
Sopa, la	
Sostenible	
Suavizar	
Submarinismo, el	
Sugerir	
Supermercado, el	

T

	En mi lengua
Taller (de coches), el	
Tapa, la	
Tarta, la	
Taxi, el	
Teatro, el	
Teléfono, el	
Temprano	
Terapia, la	
Terminar	
Tiempo libre, el	
Tienda, la	
Tienda de campaña, la	
Tomar	
Tortilla, la	
Tos, la	
Toser	
Tostada, la	
Tostado/a	
Trabajador/a, el/la	
Trabajar	
Trabajo, el	
Tranquilidad, la	
Tranquilo/a	
Transbordador, el	
Transporte, el	
Traslado, el	
Trayecto, el	
Tren, el	
Triste	
Trocear	

U

	En mi lengua
Ubicación	
Urbanización, la	
Urbano/a	
Urgencias, las	
Útil	

V

	En mi lengua
Variado/a	
Vaso, el	
Vejez, la	
Ventilador, el	
Verde	
Verdura, la	
Vestir(se)	
Vez, la	
Viajar	
Vinagre, el	
Visionar	
Vistas, las	
Vivienda, la	
Volcán, el	
Voleibol, el	
Voluntario/a (en un trabajo)	
Volver	
Vómito, el	
Vuelo, el	

Y

	En mi lengua
Ya	
Yegua, la	
Yoga, el	
Yogur, el	

Z

	En mi lengua
Zapato, el	
Zapatilla, la	
Zona, la	
Zoo, el	
Zumo, el	

Créditos fotográficos

UNIDAD 1: Nos presentamos

Pág. 5: Policía Montado: Phil McDonald, Shutterstock.com; Coche Cuba: Javier González Leyva, Shutterstock.com; **Pág. 7:** Restaurante: Magdalena Paluchowska, Shutterstock.com; Samsung: ricochet64, Shutterstock.com; Tienda: Sorbis, Shutterstock.com; **Pág. 14:** Zócalo, México: Vincent St. Thomas, Shutterstock.com; **Pág. 18:** CocaCola: dimbar76, Shutterstock.com; Flamenco: criben, Shutterstock.com

UNIDAD 2: Mi casa, mi barrio

Págs. 20-21: La Rambla: Evgeniy Zhukov, Shutterstock.com; Málaga: Toni Genes, Shutterstock.com; **Pág. 22:** BCN: J2R, Shutterstock.com; **Pág. 29:** Bellavista: JeremyRichards, Shutterstock.com; Barrio El Carmen: Tupungato, Shutterstock.com; **Págs. 32-33:** BCN: nito, Shutterstock.com; Teatro Liceo: Iakov Filimonov, Shutterstock.com; La Boquería: Kaesler Media, Shutterstock.com; Mosaico Joan Miró: Fotokon, Shutterstock.com; Casa de los Paraguas: nito, Shutterstock.com; Fuente de Canaletas: Giorgiolo, Shutterstock.com; Farmacia Nadal: joan_bautista, Shutterstock.com; **Pág. 36:** Parada bus: Sittirak Jadlit, Shutterstock.com

UNIDAD 3: Vamos de viaje

Pág. 40: Metro Argentina: tateyama, Shutterstock.com; Bus EMT: Tupungato, Shutterstock.com; **Págs. 42-43:** Museo Nacional de Bellas Artes, Argentina: photosil, Shutterstock.com; Casa Rosada, Argentina: Angelo D'Amico, Shutterstock.com; Museo Teotihuacán: Fabio Imhoff, Shutterstock.com; **Pág. 46:** Guatemala: Lucy Brown - loca4motion, Shutterstock.com; **Pág. 48:** Hotel: Daniela Constantinescu, Shutterstock.com; **Págs. 50-51:** Plaza Garibaldi: NadyaRa, Shutterstock.com; Ciclotaxi: Byelikova Oksana, Shutterstock.com; **Pág. 52:** Cudillero: Natursports, Shutterstock.com; Barcelona: TTstudio, Shutterstock.com

UNIDAD 4: En familia

Pág. 56: Escaparate zapatos: Anrephoto, Shutterstock.com; **Pág. 58:** Fernando Trueba: Denis Makarenko, Shutterstock.com; Rafa Nadal: Leonard Zhukovsky, Shutterstock.com; Pau Gasol: Marcos Mesa Sam Wordley, Shutterstock.com; Penélope Cruz: Joe Seer, Shutterstock.com; Shakira: Kathy Hutchins, Shutterstock.com; Javier Bardem: Tinseltown, Shutterstock.com; Isabel Allende: Markus Wissmann, Shutterstock.com; **Págs. 68-69:** Familia Obama: Everett Collection, Shutterstock.com; Lady Gaga: JStone, Shutterstock.com; Renée Zellweger: Everett Collection, Shutterstock.com; Zapato de Manolo Blahnik: Anrephoto, Shutterstock.com; Tienda de Custo Barcelona en la Diagonal (Barcelona): J2R, Shutterstock.com; Narciso Rodríguez: Everett Collection, Shutterstock.com; Carolina Herrera: s_bukley, Shutterstock.com; Custo Dalmau: Ovidiu Hrubaru, Shutterstock.com; Manolo Blahnik: Featureflash Photo Agency, Shutterstock.com; **Pág. 73:** Diseño de Custo Dalmau: Sam Aronov, Shutterstock.com; Diseño de Narciso Rodríguez: lev radin, Shutterstock.com; Diseño de Carolina Herrera: Ovidiu Hrubaru, Shutterstock.com; Zapatos diseñados por Manolo Blahnik: carrie-nelson, Shutterstock.com

UNIDAD 5: Igual que todos los días

Pág. 82: Barrio La Boca: prophoto14, Shutterstock.com; **Pág. 83:** Museo del Prado: milosk50, Shutterstock.com; MUSAC: tichr, Shutterstock.com

UNIDAD 6: No me gusta, ¡me encanta!

Pág. 92: Bar de tapas (San Sebastián, España): Matyas Rehak, Shutterstock.com; **Pág. 94:** Mercado de San Miguel: Maks Ershov, Shutterstock.com; Central Golden Hall, Vínnitsa, Ucrania: bondvit, Shutterstock.com; Museo del Prado: Joseph Sohm, Shutterstock.com; **Págs. 96-97:** Museo Guggenheim: Melanie Lemahieu, Shutterstock.com; Jazz: Christian Bertrand, Shutterstock.com; San Mamés: imagestockdesign, Shutterstock.com; Parque de Doña Casilda: Jon Chica, Shutterstock.com; Puente colgante de Vizcaya: Karol Kozlowski, Shutterstock.com; Teatro Arriaga: nito, Shutterstock.com; **Pág. 98:** Juegos de mesa: AS photo studio, Shutterstock.com; **Pág. 100:** Fotos: Abd. Halim Hadi, Shutterstock.com; **Pág. 101:** Restaurante: Yulia Grigoryeva, Shutterstock.com

UNIDAD 7: Buenas intenciones

Pág. 116: Festival de música: Melanie Lemahieu, Shutterstock.com

UNIDAD 8: Cuídate mucho

Pág. 138: Máquina de venta automática: Shinjuku, Tokyo FS11, Shutterstock.com

UNIDAD 9: Experiencias vividas

Pág. 147: Canal de Panamá: Fotos593, Shutterstock.com; **Pág. 155:** Patio de los Leones: Alfonso de Tomas, Shutterstock.com; Alhambra: José Ignacio Soto, Shutterstock.com; **Pág. 161**: Librería: DrimaFilm, Shutterstock.com; **Pág. 163:** Córdoba: Andrey Lebedev, Shutterstock.com

UNIDAD 10: Fin de trayecto

Pág. 170: José Andrés: s_bukley, Shutterstock.com; **Pág. 172:** Fernando Botero: Jess Kraft, Shutterstock.com; **Pág. 174:** Monumento a los Zapatos Viejos: mundosemfim, Shutterstock.com; Chiva: Alejo Miranda, Shutterstock.com; **Pág. 175:** Monumento Torre del Reloj: Andres Virviescas, Shutterstock.com; **Pág. 176:** Carnaval de Barranquilla: ostill, Shutterstock.com; **Pág. 177:** Plaza Botero: sunsinger, Shutterstock.com

Apéndice: Pronunciación y ortografía

Pág. 185: Flamenco: Krzyzak, Shutterstock.com